중국어 관광통역 가이드가 되기 위한
관광통역문화 중국어

중국어 관광통역 가이드가 되기 위한
관광통역문화 중국어

| 최 병 규 |

한국문화사

■ 머리말

관광통역안내사는 한국산업인력공단에서 주최하는 시험으로 국가고시에 해당한다. 중국어관광통역안내사는 중국인 관광객들이 한국을 방문하는 수가 매년 급증하고 있는 반면에 능력 있는 중국어 통역가이드의 인원이 많이 부족하여 중국관광객들에게 불편함을 주고 있는 현 우리나라의 실정에서 매우 필요한 직업이다.

시험은 9월에 정기시험이 있고, 4월에도 특별시험이 있다. 내용은 필기시험과 면접시험으로 구분되는데, 필기시험은 국사(40%), 관광법규(20%), 관광학개론(20%), 관광자원해설(20%) 등의 4분야로 나누어지고, 면접시험은 중국어로 진행되는 질의응답의 형식이다.

필기시험은 모두 객관식으로 과목당 25문항으로 4지 선택형이다. 필기시험 가운데 관광법규는 「관광기본법」・「관광진흥법」・「관광진흥개발기금법」・「국제회의산업육성에 관한 법률」 등의 관광 관련법규를 말한다. 면접시험은 주로 관광실무상식에 대한 질의와 응답으로 1인당 10~15분 내외의 시간이 주어진다.

관광통역안내사 시험문제에 대한 교재는 시중에 생각만큼 많이 출시되고 있지 않으며, 문제 적중률도 20~30% 정도이기에 독학하는데 다소 무리가 있다고들 말한다. 더구나 필기시험 4과목은 암기과목이라 그래도 비교적 용이하다고 할 수 있겠으나 관건이라고 할 수 있는 중국어 면접시험의 비중이 매우 높고 어려워 필기시험에 합격한 면접자의 반 이상이 면접에서 탈락된다. 면접시험은 중국어로 질문을 받고 답변을 하는데, 한국관광지와 유적지에 대한 관광지식은 물론 이제껏 나왔던 기출문제들을 묻고 대답하는 형식이다. 더구나 그 문제유형을 보면 매우 범위가 넓어 기본

교양과 상식 등이 제반 소양이 모두 필요하다.

따라서 본 교재는 중국어 관광통역안내사 시험에서 가장 중요하다고 할 수 있는 중국어 면접시험을 준비하는 것을 중점으로 하여 기출문제에 대한 중국어로 답변하는 훈련은 물론, 중국어 관광통역안내사가 되기 위한 중국어의 기초를 공고히 하는 데에도 주력하였다. 따라서 기초를 관광 중국어, 통역 중국어, 문화 중국어로 세분하여 중국어 관광통역안내사가 되기 위한 기초 다지기에 주력하였다.

중국어 관광통역안내사 시험의 관건은 먼저 우리나라의 문화와 역사, 관광업과 관광자원에 대해 공부한 다음, 그것을 중국어라는 포장지에 담을 내용을 먼저 이해, 습득, 훈련하는 과정이 꼭 필요하다. 또 이를 위해서는 HSK 5급 이상 말을 잘 하는 수준의 중국어능력이 기초가 되어야 함도 물론이다. 특히 중국어 관광통역안내사 시험은 응시자격에 있어 학력, 국적, 연령 등에 대한 제한이 없어 누구라도 평생 자유롭게 할 수 있는 직업이라 한번쯤 도전해 볼 시험이다. 또 꼭 관광통역안내사가 되지 않더라도 중국과의 무역이나 비즈니스에 관한 일을 하더라도 많은 도움이 되는 자격증이라고 할 수가 있다.

모쪼록 이 책이 중국어 관광통역안내사가 되기 위한 자들을 위한 조그마한 보탬이 되길 진심으로 바라는 바이다.

최 병 규

■차례

■머리말 / ⅴ

01 관광통역 중국어 기초 다지기 1
   1. 관광 중국어 1
   2. 통역 중국어 20
   3. 문화 중국어 45

02 관광통역 중국어 면접실전연습 68
   1. 자기소개 70
   2. 한국역사 72
   3. 경복궁 73
   4. 만약 손님이 쇼핑을 안 할 때 대처방법 76
   5. 관광통역사가 민간외교관인 이유 78
   6. 제주도 79
   7. 지원동기와 가이드 직업의 장래성 83
   8. 박정희의 정치특징 85
   9. 한국의 민족과 언어 88
   10. 한국의 세계문화유산 90
   11. 경주 97
   12. 서울에 대해 101
   13. 한국에서의 유교사상에 대해 105
   14. 고려청자에 대하여 111
   15. 김치에 대하여 114

부록
   (一) 우리말 속담 100 가지 중국어 표현법 118
   (二) 상용 관용구어 128

01 관광통역 중국어 기초 다지기

1. 관광 중국어

1. 아름다운 추억을 남기다.: 留下美好的回憶

> "留下"라는 말은 "남기다"의 뜻이고, 우리말의 추억은 중국어에서는 "回憶"(기억을 되새김.)이라는 단어를 사용한다. "回憶"라는 말과 유사한 말로 "回味"라는 단어가 있는데, "맛을 되세기다"는 뜻이다. "回味無窮"이라고 하면 "음미할수록 그 맛이 느껴진다"는 뜻이다.

예 문

a. 이 아름다운 곳 제주도에서 마음껏 자연경관을 즐기시길 바라며, 훗날을 위해 아름다운 추억을 남기십시오.
 - 希望你們在這美麗的地方濟州島盡情地享受自然風光, 爲往後留下美好的回憶。

* 自然風光: 자연의 경치
* 盡情地: 마음껏
* 享受: 누리다
* 往後: 나중
* 留下: 남기다.
* 美好的: 아름다운
* 回憶: 추억

b. 그는 두 달을 유럽에서 이곳저곳 여행을 하며 보냈으며, 인문경관을 참관하였고, 각국의 친구들도 사귀며 아름다운 추억을 남겼다.
 - 他花了兩个月在歐洲四處旅遊，參觀人文勝景，結交各國朋友，留下了美好的回憶。

* 歐洲: 유럽
* 四處旅遊: 여러 곳을 이리저리 여행하다.
* 參觀: 참관하다.
* 勝景: 멋진 경치
* 人文勝景: 인문경관
* 結交: 사귀다.
* 各國朋友: 각국의 친구

2. 누구의 얼굴에 먹칠하다.: 丟～的臉

"丟臉"이란 말과 동의어로 사용되는 말로는 "丟醜"와 "丟面子", 그리고 "失面子"등의 말이 있다.

예문

a. 열심히 노력해서 우리나라의 얼굴에 먹칠하지 말어.

- 好好努力，別丟了我們國家的臉。

    * 努力: 노력(하다)
    * 國家: 나라

b. 외국에서 여행할 때에는 공중도덕에 주의를 해서 우리나라의 얼굴에 먹칠을 하지를 말아야 돼.
    - 在國外旅行要注意公民道德，不要丟我們國家的臉。

    * 國外旅行: 외국여행
    * 注意: 주의(하다).
    * 公民道德: 시민의식, 공중도덕

3. ~해도 무방하다.: 不妨 ~

예문

a. 만약 당신이 이 옷을 좋아한다면 한 번 입어봐"도 괜찮아요".
    - 要是你喜歡這件衣服，不妨試穿一下.

    • ~ 해도 괜찮다. 무방하다.: 不妨 ~

b. 우리 안동 부근에는 적지 않은 옛 절들이 있습니다, 한 번 틈을 내어 가보는 것도 괜찮습니다!
    - 我們安東附近有不少古寺，不妨你抽空去看看!

    * 틈을 내다.: 抽空

4. ~와 동일하다.: 等於 ~ 혹은 相當於 ~

예문

a. 천년의 고도인 경주는 중국의 서안"과 같다".
   - 千年古都慶州等於(說是)中國的西安.

   • ~ 와 같다.(= 동일하다.): 等於(說是) 혹은 相當於

b. 당신이 그를 존경하지 않는 것은 바로 나를 존경하지 않는 것과 같아요.
   - 你對他不尊敬就等於你不尊敬我.

5. 모든 전력을 다 쏟다.: 使出渾身劫數

예문

a. 우리는 그 시합을 위하여 "모든 전력을 다 쏟았습니다".
   - 我們爲了那場比賽, 使出了渾身劫數.

   • 시합: 比賽
   • 사용하다. 혹은 힘을 쓰다.: 使(出來)
   • 온 몸의 힘: 渾身劫數
   • 모든 전력을 다 쏟다.: 使出渾身劫數

b. 우리 팀의 선수들은 이기기 위해 모두가 모든 힘을 다 쏟았으나 결국 2:0의 스코어로 상대방에게 지고 말았다.
   - 我們隊伍的選手們爲了勝利使出了渾身劫數, 不過終於以二比零的成績敗給了對方.

   * 팀: 隊 혹은 隊伍
   * 선수: 選手
   * 결국: 終於
   * 성적: 成績

* 지다: 敗給了 혹은 輸了
* 이기다: 贏了 혹은 勝利
* 상대방: 對方

6. ~ 복이 있다.: 有 ~ 福

예문

a. "때마침 바로" 왔군요, 당신 정말 먹을 "복이 있습니다".
 - 你來得正是時候, 你眞有口福!

 - 때마침 바로: 正是時候
 - 무슨 복이 있다.: 有 ~ 福
 - 먹을 복이 있다.: 有口福
 - 눈요기 복이 있다.: 有眼福
 - 여자 복이 있다.: 有艷福

b. 당신이 이번에 한국을 방문하는 시기에 이곳에는 마침 대설이 내렸습니다. 정말 눈요기할 복이 있군요!
 - 你這次來韓國訪問, 我們這兒正在下大雪, 你可眞有眼福了!

 * 방문하다.: 訪問

c. 그는 어디를 가든지 항시 미인이 그의 곁에 있어요, 그는 정말 여자 복이 있는 남자입니다.
 - 他走到哪裏都有美女相伴, 他眞是個有艷福的男人!

 * 어디를 가든지 항시 ~ 하다.: 走到哪裏都 ~ ~
 * 곁에 있다. 서로 동반하다.: 相伴
 * 누구가 곁에 있다.: 有 ~ 相伴

* 여자(= 미인) 복: 艶福

7. "급한 일이 있어" 먼저 "자리를 떠겠습니다". (**我有要事在身, 先走了.**)

예문

a. 실례지만 저는 급한 일이 있어 그만 먼저 일어나겠읍니다.
   - 我有要事在身, 失陪了!

   • 급한 일 혹은 중요한 일: 要事 혹은 要緊的事 혹은 要事在身 혹은 急事
   • "失陪了."라는 말은 "실례지만 먼저 자리에서 일어나겠읍니다."란 표현을 아주 간곡하면서도 간단히 말하려고 할 때 사용할 수 있다.

8. "충심으로" 당신들을 축복합니다.: **由衷的祝福你們.**

예문

a. 바쁘신 중에서도 틈을 내어 왕림해주신 여러 내빈들에게 충심으로 감사의 말씀을 드립니다.
   - 我衷心感謝百忙之中抽空光臨的各位來賓們.

   * 충심으로 혹은 심심한: 由衷的 혹은 衷心
   * 바쁘신 중에서도 혹은 온갖 바쁜 일을 제쳐두고: 百忙之中
   * 틈을 내다.: 抽空
   * 왕림하다. 혹은 광림하다.: 光臨
   * 여러 내빈: 各位來賓

9. 만나서 반갑습니다.: 很高興認識你

예문

a. "만나서 반갑습니다."

- 很高興認識你. 혹은 認識你眞好! 혹은 幸會! 幸會!

b. 만나뵈서 영광입니다.

- 很榮幸認識你.

　＊ 여기서 "認識" 대신에 "見到"라는 말을 대체할 수 있다. 원래 "認識"란 말은 누구를 알다.(알게 되다.)의 뜻이지만 "만나다"의 의미로도 사용된다.

c. 만나서 반갑습니다. 당신의 이름을 오랫동안 들어왔는데, 오늘 뵙게되어 정말 영광입니다.

- 幸會! 幸會! 久聞大名, 今天能夠相見, 很榮幸!

　＊ 여기서 "久聞大名" 대신 "久仰"이라는 말을 쓰기도 한다. 그 의미는 같다. 다만 이런 표현들은 다소 상투적이고 또 옛스러운 표현이기에 젊은 이들 보다는 중년이상의 사람들이 즐겨 사용한다. 그리고 "幸會!"나 "久仰!"이란 말을 사용할 때는 보통 두 번 연이어 말한다.

10. 괜찮으시다면: 如果方便的話

예문

a. "괜찮으시다면" 저와 오늘 저녁 식사를 같이 하시겠습니까?

- 如果方便的話, 今晚跟我一起吃飯, 好不好?

　• 괜찮으시다면: 如果方便的話

b. 괜찮으시다면 오늘 오후가 어때요?
   - 如果方便的話, 今天下午怎麽樣?

   * "如果方便的話"란 용법은 완곡하게 상대방의 의사를 물어보는 형태다. 남자가 사귄지 얼마되지 않는 여자에게 데이트를 신청할 때 아주 적절한 표현이다.

11. 누구를 데리고 가서 ~를 보여주다.: 帶 ~ 去看

예문

a. "그렇지 않으면" 제가 지금 바로 당신을 데리고 가서 보여드리죠.
   - 要不我現在就帶你去看.

   • 그렇지 않으면: 要不 혹은 要不然
   • ~를 데리고 가서 ~를보여주다.: 帶 ~ 去看 ~

b. 내일 제가 당신들을 데리고 가서 동물원 구경을 시켜주는 것이 어때요?
   - 我明天帶你們去看動物園, 好嗎?

12. 누구의 요구를 만족시키다.: 滿足 ~ 的要求

예문

a. 우리들은 고객 여러분들의 "요구를 만족시켜주기 위하여", 오늘부터 여러분들의 문제에 대해 "일일이" 답변을 할 것입니다.
   - 我們爲了滿足顧客朋友們的要求, 從今天起一一回答你們的問題.

   • ~ 의 요구를 만족시키다.: 滿足 ~ ~ 要求
   • 고객: 顧客

- 일일이: 一一
- 회답하다.: 回答

b. 시민의 요구를 만족시키는 점에 착안하여 시장은 매월 한 차례 좌담회를 열어서 시민들과 더불어 심득을 교환하기로 이미 결정하였습니다.
  - 爲了滿足市民要求起見, 市長已決定每月一次開座談會和市民們一起交換心得.

    * ~ ~ 에 착안하여: 爲了 ~ ~ 起見
    * 시장: 市長
    * 결정하다.: 決定
    * 좌담회를 열다.: 開座談會
    * 심득을 교환하다.: 交換心得

13. 누구의 요청에 응하여: 應 ~ 的邀請

예 문

a. 미국 대통령이 이번에 우리 쪽의 "요청에 응하여" 삼일간 한국을 방문합니다.
  - 美國總統這次應我方邀請到韓國訪問三天.

    - 누구의 요구(혹은 초대)에 응하여: 應 ~ 要求(혹은 邀請)
    - 초대하다. 요청하다. 혹은 초대. 요청.: 邀請
    - 방문하다. 혹은 방문: 訪問

b. 작자는 많은 독자들의 요구에 응하여 속편을 다시 쓰기 시작하였다.
  - 作者應很多讀者的要求再開始寫續本.

    * 속편: 續本 혹은 續篇

14. ~할만한: 值得 ~

예문

a. 인생을 포기하지 말아요. 원래 인생에는 그래도 기대 "할 만한" 일들이 수없이 많은 것입니다.
 - 不要放棄人生, 人生裏頭本來就還有許多值得期待的事情.

  # • 속: 裏頭
  • 많은: 許多
  • ~ 할 만한: 值得 ~
  • 기대하다.: 期待
  • 기대할 만한: 值得期待

b. 안동에는 무슨 관광할 만한 곳이 있습니까?
 - 在安東有什麼值得觀光的地方?

  * 관광(하다.): 觀光

c. 다시는 절대로 삶을 포기하는 생각을 갖지 말아요!
 - 千萬不要再有輕生的念頭!

  * 삶을 포기하다. 혹은 삶을 가벼히 여기다.: 輕生

15. 이어서: 接下來

예문

a. "이어서" 당신이 받아야 할 고통은 매우 클 것입니다.
 - 你接下來要承受的痛苦是很大的.

  • 이어서 혹은 다음은: 接下來

• 고통을 받다.: 承受痛苦

b. 다음은 (=다음 이어지는 것은) 음악감상 프로그램입니다.
  - 接下來(的)是音樂欣賞節目.

c. 다음으로 우리가 볼 것은 안동민속박물관입니다.
  - 接下來我們要看的是安東民俗博物館.

16. 이미 때가 늦었다.: 來不及

예문

a. 지금 후회해봐야 "때가 지났습니다".
  - 現在後悔可來不及了!

  • 이미 때가 늦었다(= 지나다).: 來不及
  • 때가 늦지 않다.: 來得及

b. 차가 벌써 떠났어요, 뛰어봤자 소용이 없어요, 이미 때가 늦었어요!
  - 車子早就走了, 你跑也沒用, 已經來不及了!

c. 차가 아직 떠나지 않았어요, 아직 때가 늦지 않았어요, 어서 뛰어요!
  - 車子還沒走, 還來得及, 你快跑吧!

17. ~으로써 ~를 삼다.: 以 ~ 作爲

예문

a. 백두산은 우리 한"민족의 발상지"입니다.

- 白頭山是我們韓民族的發跡之地.

　　• 발상지: 發祥地 혹은 發跡之地

b. 고구려의 발상지는 만주벌판을 그 무대로 하고 있다.
- 高句麗的發祥地是以滿洲平原作爲它的舞臺.

　　* ~으로써 ~를 삼다.: 以 ~ (作)爲
　　* 평원 혹은 벌판: 平原
　　* 무대: 舞臺
　　* 백두산을 중국인들은 "長白山"이라고 호칭하고 있다.

18. ~을 맞이할 때마다: 每逢

예문

a. 나는 일요일"만 되면" "할 일이 없어" 시내를 걷든가 아니면 음악을 듣습니다.
- 我每逢星期天, 閒來無事逛街或聽音樂.

　　• ~을 맞이할 때마다: 每逢
　　• 할 일이 없어: 閒來無事

b. 명절만 되면 한국인들은 고향으로 돌아갑니다.
- 每逢佳節, 韓國人都回家鄉去.

　　* 명절: 佳節
　　* 고향으로 돌아가다.: 回家鄉

c. 한국의 외국인 노무자들은 명절을 맞이할 때마다 집에서 할 일이 없어

주로 등산을 합니다.
- 韓國的外國工人每逢年過節的時候, 在家閒來無事常常出去爬山.

* 명절을 맞이하다.: 逢年過節
* 등산하다.: 爬山

19. ~의 공으로 돌리다.: 歸功於

예문

a. 이번의 혁혁한 성과는 정부의 행정부서에 그 "공을 돌릴" 수 있을 것이다.
- 這次赫赫成果應該歸功於政府行政單位.

  • ~ 의 공으로 돌리다.: 歸功於
  • 혁혁하다.: 赫赫

b. 저는 이번의 성공이 부지런한 김씨 노부부에게 그 공이 있다고 봅니다.
- 我認爲這次的成功應該歸功於勤奮的金老夫婦.

* 부지런하다.: 勤奮

c. 적지 않은 외국인들이 말하길, 이 몇 십 년 한국경제가 발전한 것은 박정희 대통령의 공과 무관하지 않다고들 말한다.
- 不少外國人說這幾十年韓國經濟的發展多多少少歸功於朴正熙總統.

20. 말하자면 이야기가 길어지다.: 說來話長

예문

a. 이 지역의 전설은 "말하자면 이야기가 길어집니다". 정말 무슨 말부터 해야 할지 모르겠군요.
   - 這地方的傳說說來話長, 我眞不知道該從何說起. 혹은 這地方的傳說說來話長, 我眞不知道該怎麼說.

   * 말하자면 이야기가 깁니다.: 說來話長

b. 제가 이번에 겪은 경험은 말하자면 이야기가 매우 길어집니다. 우선 식사부터 하고 다시 이야기합시다.
   - 我這次的經歷說來話長, 我們先吃飯再說吧.

   * 겪은 경험: 經歷

21. ~으로써 이름이 나 있다.: 以 ~ 見稱

예문

a. 타이뻬이의 야시장은 줄곧 먹거리"로써 이름이 나있다".
   - 臺北的夜市場一直是以吃見稱.

   • 야시장: 夜市場
   • 줄곧: 一直(是)
   • ~ 로써 이름이 나있다.: 以 ~ ~ 見稱 혹은 以 ~ ~ 聞名

b. 한국의 경주는 자고로 전통문화도시로 이름이 나있다.
   - 韓國的慶州自古以來以文化古城見稱. 혹은 韓國的慶州自古以來以文化古城聞名.

* 자고로: 自古以來
* 전통문화도시: 文化古城 혹은 傳統文化都市

c. 경북의 안동은 한국에서 탈출축제로 이름이 나 있다.
   - 慶北的安東是在韓國以"假面劇祝祭"見稱的.

   * 탈춤축제: 假面劇祝祭

22. ~으로써 위주로 삼다.: 以 ~ 爲主

예문

a. 한국인의 주식은 쌀밥"을 위주로 하고 있다".
   - 韓國人的主食是以米飯爲主.

   • 주식: 主食
   • 쌀밥: 米飯
   • ~ 을(으로써) 위주로 삼다.: 以 ~ ~ 爲主

b. 한국, 일본등과 같은 동양인의 주식은 쌀밥이 위주이다. 그에 비해 서양인의 주식은 육류를 위주로 하고 있다.
   - 韓日等東方人的主食是以米飯爲主. 相比之下, 西方人的主食是以肉類爲主.

   * 그에 비해: 相比之下
   * 육류: 肉類

23. ~할 때까지: 到 ~ 爲止

예문

a. 당신이 만족"할 때까지" 함께 옆에서 같이 하겠습니다.

 - 我陪你做到你滿意爲止.

   • ~와 함께 혹은 ~를 모시고: 陪 ~
   • ~ 할 때까지: 到 ~ ~ 爲止

b. 나는 어제 밤 컴퓨터를 날이 새도록 하였다.

 - 昨天晚上我打電惱打得天亮爲止.

   * 컴퓨터를 하다: 打電惱
   * 날이 새다: 天亮

24. 바로 이 순간: 此時此刻

예문

a. "바로 이 순간" 우리들은 단지 손을 같이 움켜지은 것이 아니라 우리들의 마음이 서로 함께 연결되어 있습니다.

 - 此時此刻, 我們不單是手握在一起, 更是心連在一塊兒了.

   • 바로 지금 이 순간: 此時此刻
   • 비단 ~ 일 뿐 아니라 또한 ~ 이기도 하다.: 不單(= 不光)是 ~ ~ 更是 ~
   • 악수하다. 혹은 손을 움켜지다.: 握手
   • 마음이 이어지다.: 心連
   • 마음과 마음이 서로 이어지다.: 心心相連 혹은 心連在一塊兒

b. 여러분과 같이 하는 지금 이 순간의 기분을 저는 영원히 잊지 못할 것입니다.

 - 與你們在一起的此時此刻的感覺我永遠不會忘懷.

* 잊다.: 忘懷(= 忘記)

25. ~에서 오다.: 來自

예문

a. 우리들의 영광은 당신의 멋진 모습"으로부터 나옵니다."
   - 我們的光彩來自你的風彩.

   • ~에서 오다.: 來自 ~
   • 빛. 영광: 光彩
   • 멋진 모습: 風彩

b. 이어서 우리가 소개할 사람은 중국에서 온 최건이라고 불리는 가수입니다.
   - 接下來我們要介紹的是來自中國的一位歌手叫崔健.

26. 도처에 깔려있다.: 到處都是

예문

a. 중국남방의 과일시장에는 바나나와 파인애플이 "도처에 늘려있다".
   - 在中國南方的水果市場裏, 香焦和鳳梨, 到處都是.

   • 도처에 깔려있다.: 到處都是
   • 과일시장: 水果市場

b. 당시 우리나라는 가난하여 도처에 거지가 늘려있었다.
   - 當時我們國家窮, 到處都是乞丐.

27. 누구가 아는 바에 의하면: 據 ~ 所知

예문

a. "내가 아는 바에 의하면", 홍콩은 이미 중국에게로 돌아갔습니다.
   - 據我所知, 香港已歸於中國了.

   • 누구가 아는 바에 의하면: 據 ~ 所知
   • 누구에게(혹은 어디로) 돌아가다.: 歸 ~

b. 제가 아는 바에 의하면, 환율이 이미 안정되기 시작한 걸로 압니다.
   - 據我所知, 換率已開始穩定下來了.

   * 안정되다.: 穩定下來

28. ~에 힘입어: 承蒙 ~

예문

a. 과거 저 철수는 폐인이었지만, 여러분들의 도움"에 힘입어" 비로소 이 새로운 생명을 얻게 되었습니다.
   - 過去我喆洙一廢人, 承蒙各位相幇, 才有此新生.

   • ~에 힘입어: 承蒙 ~

b. 시청자 여러분들의 열렬한 지지와 사랑, 그리고 격려에 힘입어 우리 프로그램은 결국 최고 프로그램상을 획득하였습니다.
   - 承蒙觀衆朋友的熱烈支持·愛好與鼓勵, 我們的節目終於獲得了最佳節目獎.

   * (최고)포토재닉상: 最佳鏡頭獎

* (최고)인기상: 最佳人緣獎

29. ~을 이길 길이 없다.: 不勝 ~

예문

a. 여러분이 호쾌히 주머니를 풀어 도와주시니, 저는 정말 감사한 마음 "이길 길이 없습니다".
  - 你既然肯慷慨解囊, 我眞不勝感激.

  - ~ 을 이길 길이 없다.: 不勝 ~
  - ~ 을 긍정적으로 생각하여 하려고 하다.: 肯 ~
  - 호쾌히 주머니를 풀다.: 慷慨解囊
  - 매우 감사하다.: 感激

b. 선생님은 나에게 한 통의 긴 편지를 써서 내가 문장을 잘 지었다고 하셨다. 나는 그의 편지를 뒤척여 보면서 내심 기쁜 마음을 이길 길이 없었다.
  - 老師寫一封長信告訴我我的文章寫得很好, 我翻閱他的信, 不勝暗喜.

c. 그녀는 술 기운을 이기지 못하여 한밤중에 토하기 시작하였다.
  - 她不勝酒力, 三更半夜開始吐起來.

  * 술기운을 못이기다.: 不勝酒力

30. ~로 가는 길: 通往 ~ 之路

예문

a. 당시 비상구"로 가는 길"은 매우 비좁고 또한 사람들로 붐볐었다.

- 當時通往太平門的走道是非常窄, 而且非常擁擠.

    - ~ 로 가는 통로(혹은 길목): 通往 ~ 的走道
    - 비상구: 太平門
    - 길: 走道 혹은 路
    - 좁다.: 窄
    - 매우: 非常
    - 붐비다.: 擁擠

b. 경상북도의 안동으로 가는 길목에는 낙동강이라는 아름다운 하천이 펼쳐져 있다.
    - 通往慶尙北道安東的走道有着美麗的河流叫洛東江.

    * 아름다운: 美麗的
    * 하천 혹은 냇가: 河流
    * ~ 라고 불려지는: 叫 ~
    * "通往 ~ 的走道"를 문어문 형식으로 간단히 "~ 之路" 라고 쓸 수도 있다.

2. 통역 중국어

1. 요행히 변을 면하다.: 倖(幸)免于難

    "倖(幸)免于難"은 풀어쓰면 "幸虧免卻災難(다행히도 재난을 면하다)"라는 의미이다.

예문

a. 그는 길이 막혀 그 사고난 비행기를 제 때에 타지 못했기에 요행히 변을 면하였다.
   - 他路上塞車沒趕上那班失事班機, 倖免於難。

   * 塞車: 차가 막히다.
   * 趕上: 제 때에 도착하다.
   * 班: 비행기를 새는 양사임.
   * 失事: 사고가 나다.
   * 班機: 비행기

b. 집이 진동을 받아 무너져내릴 때에 그는 마침 집밖에 있었기에 작은 경상만을 입었다. 비록 요행히 변은 면했지만 두려움은 여전히 남아있어 며칠동안이나 긴장상태 속에서 지냈다.
   - 房子受震倒塌時他正在屋外, 只受些輕傷。雖然倖免於難, 但餘悸猶存, 好幾天都處在緊張狀態。

   * 受震: 진동을 받다.
   * 倒塌: 무너지다.
   * 正在: 마침 ~에 있다. 혹은 마침 ~하는 중이다.
     예1) 我正在學校裏.(나는 마침 학교 안에 있다.)
     예2) 我正在吃飯.(나는 마침 밥을 먹는 중이다.)
   * 屋外: 집 바깥
   * 受傷: 상처를 입다.
   * 受輕傷: 경상을 입다.
   * 餘悸: 남은 두려움
     예) 餘力(남은 힘), 餘興(남은 흥), 餘暇(남은 시간)
   * 猶存: 여전히 남아있다.
   * 好幾天: 오래동안
   * 處在~狀態: ~상태에 놓이다.

* 緊張: 긴장

2. 가슴 가득히 ~를 품다.: 滿懷~

> "滿懷"라는 말과 동의어에는 "滿腔"이라는 말이 있다.

예문

a. 그는 중학교 때부터 중국문화에 대한 가슴 가득찬 동경을 품고 있었으므로 대학에서도 중문과를 택했다.
   - 他從中學開始就對中國文化滿懷憧憬，所以大學他選讀了中文系。

   * 從~開始: ~부터 시작하여
   * 憧憬: 동경(하다)
   * 選讀: 선택하여 공부하다.
   * 中文系: 중문과

b. 당신이 또 다시 이렇게 충고를 듣지 않는다면 내가 당신에 대해 아무리 가슴 가득한 열정을 품고 있다고 하더라도 결국은 마음이 식을 때가 오고 말겁니다.
   - 你再這樣不聽教誨，我對你再滿懷熱忱，也終有心灰意冷的時候。

   * 再不: 다시는 ~하지 않다.
   * 教誨: 가르침, 훈계
   * 聽教誨: 훈계를 듣다.
     예) 這孩子很不聽話.(이 아이는 말을 잘 듣지 않는다.)

* 再～也: 아무리 ～라 할지라도
* 熱忱: 열정
* 終: 결국
* 心灰意冷: 마음의 열정이 식다.

c. 관중들은 가슴 가득찬 열정과 목이 터지도록 국가대표 축구팀을 응원하며 한국이 일약 결선까지 진출하기를 기원하였다.
  - 觀衆滿懷熱情、聲嘶力竭地爲國家足球隊加油, 希望韓國能一擧踢進決賽。

* 觀衆: 관중
* 熱情: 열정
* 聲嘶力竭地: 목이 쉬고 힘이 다하도록
* 足球隊: 축구팀
* 加油: 응원하다. 혹은 파이팅
  예) 中國隊, 加油!(중국팀, 파이팅!)
* 希望: 희망(하다)
* 一擧: 단번에
* 踢進: 진입하다. 축구이기에 "踢(차다)"라는 말이 들어감.
* 一擧踢進: 단번에 진입하다.
* 決賽: 결승

3. 다 잡은 것을 놓쳐버리다(다 된 밥에 재 뿌리다.).: 煮熟的鴨子飛了

"煮熟的鴨子飛了"를 직역하면 "잘 삶아놓은 오리가 날아가버리다."는 뜻이다.

예문

a. 중국 남자농구팀은 원래 아시안 게임에서 금메달을 딸 실력이 있었지만 몇 차례의 치명적인 실수로 인하여 다 잡은 경기를 놓치고 말았다.
   - 中國男藍隊原本有在亞運賽摘金的實力，但是因爲幾次要命的失誤，煮熟的鴨子飛了。

   * 男藍隊: 남자농구팀
   * 原本: 본래
   * 亞運賽: 아시안경기게임
   * 摘金: 금을 얻다.
   * 實力: 실력
   * 幾次: 몇차례
   * 要命的: 치명적인
   * 失誤: 범실

b. 내가 당신에게 충고하건데 절대 득의양양하지 말고 조심하는 것이 상책입니다. 나중에 다 된 밥에 재를 뿌리게 되는 일이 없도록 말입니다.
   - 我勸你莫要得意忘形，還是小心爲妙，免得到時候煮熟的鴨子飛了。

   * 勸: 충고하다.
   * 莫要: ~하지마라.
   * 得意忘形: 득의양양하다.
   * 小心: 조심(하다)
   * 以~爲妙: ~하는 것이 상책이다. 여기서 "以"는 생략이 가능함.
   * 免得: ~하지 않도록
   * 到時候: 때가 되면

c. 왕군은 원래 사장 직을 손쉽게 얻을 수 있을 것이라고 여겼지만 생각지도 않게 인사명령이 발표되자 낙하산 부대가 떨어지면서 다 된 밥에 재

를 뿌리고 말았다.
- 小王原本以爲經理一職是十拿九穩，沒想到人事命令發佈，來了個空降部隊，煮熟的鴨子飛了。

    * 以爲: ~라고 여기다.
    * 經理: 사장
    * ~一職: ~라는 직업
    * 十拿九穩: 손쉽게 얻을 수 있다.
    * 沒想到: 생각지도 않게
    * 人事命令: 인사명령
    * 發佈: 발표하다.
    * 空降部隊: 낙하산부대

4. 한마디로 결정짓다.: 一言(爲定:)

> "一言"이 들어가는 成語에는 "一言九鼎"(말의 힘이 강하다.)는 말과 "一言不發"(한마디도 하지 않다.), 그리고 "一言蔽之"(한마디로 개괄하다.), "一言難盡"(한마디로 설명하기 어렵다.)등의 말들이 있다.

예 문

a. 중국사람들은 일상적으로 말하길, "한 마디의 말이 튀어나오면 네 마리의 말도 그것을 쫓아가지 못한다."고 한다.
   - 中國人常講, "一言旣出，駟馬難追。"

    * 旣: 이미
    * 駟馬: 수레에 멘 네 마리의 말을 뜻함.
    * 追: 쫓다.

b. 그들은 한 마디로 결정을 보길, 졸업 후에는 함께 창업을 하자고 약속을 하였다.
 - 他們倆一言爲定，說好了畢業後要一塊創業。

  * 倆: 두 사람
  * 說好: 약정하다.
  * 畢業: 졸업(하다)
  * 一塊: 함께
  * 創業: 창업(하다)

5. 해결할 능력이 없다(별 수가 없다.).: 無能爲力

> 유사한 표현으로 "心有餘而力不足"이라는 표현이 있다. 뜻은 "마음은 있어도 능력이 모자란다."는 의미이다.

예 문

a. 미안합니다. 저는 이 일에 대해 별다른 해결능력이 없습니다.
 - 很抱歉，我對這件事無能爲力。

  * 抱歉: 미안하다.

b. 니가 이렇게 일을 크게 망쳐놓았는데, 나로서도 그 일을 수습할 능력이 없어.
 - 你捅了這麼大的簍子，我無能爲力幫你善後。

  * 捅簍子: 일을 망치다.
  * 善後: 뒷일, 뒷일을 수습하다.

6. 제가 낼게요.: 我來買單

"我來買單"이란 표현은 "我來付錢" 혹은 "我來算帳"의 의미이다. 중국의 식당에서 음식을 먹은 다음에 "小姐,買單!"이라고 소리치면 "아가씨, 계산서 가져오세요!"라는 뜻이 된다.

예문

a. 당신들은 좋아하는 것들을 마음껏 시키세요. 제가 낼테니깐요.
 - 你們儘量點自己愛吃的東西, 我來買單。

  * 儘量: 마음껏
  * 點: 주문하다.

b. 내 여자친구는 스스로 선포하길 자신이 여성주의자라고 하며 남녀평등을 부르짖지만 매번 나가서 외식을 할 때면 모두 내가 계산을 합니다.
 - 我的女朋友宣稱她是女性主義者, 鼓吹女男平等, 但是每回出去吃飯都是由我來買單。

  * 宣稱: 선포하다.
  * 女性主義者: 여성주의자
  * 鼓吹: 부르짖다. 고취시키다.
  * 女男平等: 여남평등
  * 每回: 매번
  * 由: ~로부터, ~가

7. 사람들의 주목을 끌다.: 引起(人們的:) 關注

"引起"라는 말은 "야기시키다"라는 뜻으로 쓰이는 말이다. "關注"나

"注意"라는 단어를 사용할때에는 "引起"라는 말을 사용해야 한다.

예문

a. 사스가 세상사람들의 폭넓은 주목을 끌었다.
   - 非典型肺炎（SARS）引起了世人廣泛的關注。

   * 非典型肺炎: 사스
   * 世人: 세인
   * 廣泛: 넓다.
   * 關注: 관심과 주의

b. 북한의 핵무기확산이 야기한 위기는 사람들의 주목을 끌었다.
   - 北韓核子武器擴散所可能引發的危機, 引起了人們的關注。

   * 核子武器: 핵무기
   * 擴散: 확산(하다)
   * 引發: 야기하다.
   * 危機: 위기

8. 가장 긴급한 일은 ~이다.: 最迫切的事是 ~ ~

예문

a. "지금 가장 긴급한 일"은 나라의 경제를 살리는 것이다.
   - 現在最迫切的事是拯救國家經濟.

   • 가장 긴급한 일: 最迫切的事
   • 살리다, 구하다: 拯救
   • 경제: 經濟

b. 현재의 상황에서 가장 긴급한 일은 어떻게 하면 되도록 빨리 잃어버린 나라의 체통을 다시 되찾을 수 있나 하는 것이지, 서로의 책임을 추궁하는데 있는 것이 아니다.
   - 在現在的情況之下, 最迫切的事是怎樣盡快追回已失去的國家體統, 而不在於互相追究責任.

   * 상황: 情況
   * 어떻게: 怎樣
   * 최대한 빨리: 盡快
   * 찾다.: 追回
   * 이미: 已
   * 잃어버린: 失去的
   * 체통: 體統
   * 체통을 찾다.: 追回體統
   * ~ 에 있는 것이 아니다.: 而不在於 ~
   * 따지다. 혹은 추궁하다.: 追究
   * 책임을 묻다.: 追究責任
   * 서로 책임을 묻다.: 互相追究責任

9. ~가 아니면 결코 ~해선 안된다.: 除非 ~ ~, 絶不 ~ ~

예 문

a. 지금의 경제난 아래서는 "꼭 필요한 데가 아니면, 결코 돈을 낭비해서는 안 된다".
   - 在現在的經濟恐慌之下, 除非必要, 絶不能浪費.

   • ~ 가 아니면, 결코 ~ 해선 안된다.: 除非 ~ ~, 絶不 ~ ~
   • 경제공황: 經濟恐慌
   • 절대로 혹은 결코: 絶

• 낭비(하다): 浪費

b. 본교 학생이 아니면 절대 도서관 출입이 허용되지 않음.
- 除非本校學生, 絶不準進圖書館.

　　* 본교학생: 本校學生
　　* ~ 이 허용되지 않음.: 不準
　　* 결코 ~ 이 허용되지 않는다.: 絶不準 ~
　　* 들어가다.: 進
　　* 도서관: 圖書館

10. 단지 ~하는 수 밖에 없다.: 只不過~~罷了! 혹은 只好~~.

예문

a. "단지" 그것과 함께 있으며 답답함(혹은 무료함)을 달랠 "따름입니다".
- 只不過是讓它陪着我解解悶罷了!

　　• 단지 ~ 할 따름이다.: 只不過 ~ ~ 罷了!
　　• 무료함을 달래다.: 解悶

b. 그 여자는 무슨 대단한 사람이 아닙니다, 단지 우리 집의 여자 일꾼일 따름입니다.
- 她並不是什麼人, 她只不過是我們家的女傭人罷了!

　　* 하인: 傭人

c. 지금은 원점으로 돌아가서 새로 다시 우리의 경제를 일으키는 수 밖에 없다.
- 現在只好回到原點重新振作我們的經濟.

* 단지 ~ 하는 수밖에 없다.: 只好 ~
* 새로 다시: 重新
* 경제를 일으키다.: 振作經濟

11. 거의 ~와 마찬가지다.: 簡直(算)是 ~ ~

예 문

a. 현재 환율급상승으로 한국에 있는 많은 외국의 노무자들은 그간 "거의 헛일한 것과 마찬가 지"였다.
   - 目前換率急上昇的緣故, 很多駐韓外國勞動者簡直算是白幹活.

   • 거의 ~ 와 마찬가지다.: 簡直(算)是
   • 헛일하다.: 白幹活

b. 그 서양인은 중국어를 매우 잘 합니다. 거의 중국인과 같아요.
   - 那個洋人中國話說得很好, 簡直是中國人.

c. 저는 한달 월급을 도둑 맞았어요. 이번 달은 헛일했어요.
   - 我一個月的薪水被小偸拿走了, 我這個月白幹活了.

   * 급료라는 말에는 "薪水"외에도 "工資"라는 말이 있다. 대만에서 주로 "薪水"라는 말을 사용하는데 비해 중국에서는 "工資"를 주로 쓴다. 이 외에도 "月薪"이라고 하면 "월급"이라는 뜻이다.

12. 유일하게 ~할 수 있는: 唯一能夠

예 문

a. 아마도 "이것이야말로" 분쟁을 해결"할 수 있는 유일한 방법"일 것이다.

- 也許這才是唯一能夠化解糾紛的辦法.

  - 아마도: 也許
  - 이것이야말로 ~ 이다.: 這才是 ~
  - 유일하게 ~ 할 수 있는: 唯一能夠 ~
  - 유일하게 ~ 할 수 있는 방법: 唯一能夠 ~ 的辦法
  - 해결하다. 풀다.: 化解
  - 분쟁: 糾紛

b. 나는 이것이야말로 당신에게 보답할 수 있는 유일한 수단이라고 생각합니다.

- 我覺得這才是唯一能夠報答你的手段.

  * 보답하다.: 報答
  * 수단: 手段

13. 다른 선택의 여지가 없다.: *沒有別的選擇*

예문

a. 당시 나는 "다른 선택의 여지가 없어서, 단지" 퇴학신청의 수속을 밟는 수밖에 없었다."

- 當時我沒有別的選擇, 只好申請退學手續.

  * 다른 선택의 여지가 없다.: 沒有別的選擇(= 無從選擇)
  * 다른 선택의 여지가 없어 단지 ~ 하는 수밖에 없다.: 沒有別的選擇, 只好 ~ ~ .
  * 신청하다.: 申請

b. 나는 당신이 다른 선택의 여지가 없음을 알지만, 나 또한 마찬가지로

선택의 여지가 없습니다.
- 我知道你沒有別的選擇, 而我也同樣無從選擇.

  * 마찬가지로: 同樣

14. ~와 ~는 별개의 것이다.: ~是一回事, ~是另一回事

예문

a. 대학을 들어가는 것과 직장을 구하는 것은 "별개의 일이다".
  - 進大學是一回事, 找工作是另一回事. 혹은 進大學是進大學, 找工作是找工作. 혹은 進大學和找工作是兩碼子的事.

    • ~ 와 ~ 은 별개의 일이다.: ~ 是一回事, ~ 是另一回事 혹은
      ~ 是 ~ , ~ 是 ~   혹은
      ~ 和 ~ 是兩碼(子的)事

b. 여지와 용안은 서로 다른 별개의 것이다.
  - 荔枝是荔枝, 龍眼是龍眼.

    * 荔枝: 양귀비가 좋아했다는 중국남방의 과일이름.
    * 龍眼: 여지와 비슷한 과일명. 그 크기가 여지보다 좀 작고, 색깔도 여지가 불그스레한 것에 반해 누르스름하다.

c. 연애는 연애이고, 결혼은 결혼이다.
  - 戀愛是一回事, 結婚是另外一回事.

d. 먹는 양과 살찌고 여윔은 별개의 일이다.
  - 食量和胖瘦是兩碼事.

* 먹는 양: 食量
* 살찌고 야윔: 胖瘦

15. ~하든지 아니면 ~하든지: 要麼 ~ , 要麼 ~

예문

a. 그들의 의견에 찬성"하든가 아니면" 그들에 반대"하든가" 마땅히 좀 확실히 말을 하셔야죠!
  - 要麼贊成他們的意見, 要麼反對他們, 你應該說明白一點!

  • ~ 하든지 아니면 ~ 하든지: 要麼 ~ ~ , 要麼 ~ ~

b. 나가서 백화점 구경을 하든지 아니면 집에서 마작을 치든지 어하튼 좀 유쾌하게 시간을 보내세요!
  - 要麼出去逛百貨, 要麼在家打麻將, 你總該過得愉快一點吧!

    * 백화점을 구경하다.: 逛百貨
    * 마작을 치다.: 打麻雀(혹은 打麻將)

16. ~의 명분은 있어도 ~의 실속은 없다.: 有 ~ 之名, 而沒有 ~ 之實

예문

a. 그들은 부부의 "명분은 있어도", 부부의 "실속이 없다".
  - 他們有夫妻之名, 而沒有夫妻之實.

  • ~의 명분은 있으나 ~의 실속은 없다.: 有 ~ 之名, 而沒有 ~ 之實

b. 그 나라의 대통령은 대통령이라는 명분은 지니고 있지만, 사실상 대통령으로서의 실속은 없다.
- 那個國家的總統有總統之名, 而沒有總統之實.

17. ~의 마음은 있어도 능력이 없다.: 心有餘而力不足(=力不從心)

예문

a. 죄송합니다. 제 "마음은 있지만 능력이 없습니다". (對不起. 我心有餘而力不足.)

• 마음은 있어도 힘이 않되다.: 心有餘而力不足 혹은 力不從心

b. 계속 그를 탓하지 말아요, 그는 마음은 그렇지 않지만 능력이 없었던 것입니다.
- 你別一直怪他. 他心有餘而力不足. (他力不從心.)

18. ~하는 것은 좋은 일이다.: ~是好事

예문

a. 당신이 살찌는 "것은 좋은 일입니다". 전에는 너무 야위었거든요.
- 你變胖是好事. 以前你太瘦了.

• ~ 한 것은 좋은 일이다.: ~ 是好事

b. 그가 사임한 것은 나라로 볼 때 좋은 일입니다.
- 他辭職的事, 對國家來說是個好事.

* 사직하다.: 辭職

19. ~와는 상관이 없다.: 於 ~ 不相干

예문

a. 무슨 애국 애민이다 하는 것들은 모두 그들"과는 상관이 없어".
   - 什麼愛國愛民, 都於他們不相干的.

   • ~ 와는 상관이 없다.: 於 ~ 不相干

b. 퇴직금을 받는 일은 이미 우리와는 상관이 없다.
   - 拿退休金的事, 已經於我們不相干.

   * 퇴직하다.: 退休
   * 퇴직금: 退休金
   * 퇴직금을 받다.: 拿(혹은 領)退休金

20. 하마터면 ~할 뻔하다.: 差一點 ~ 了

예문

a. 당신 얼굴이 왜 그래요? - 저 여자가 나를 미워하여 이 지경으로 만들었어요, 하마터면 내 목숨을 앗아갈 뻔 했어요!
   - 你的臉怎麼了? - 她就把我恨成這個樣子, 差點(= 險些) 要了我的命!

   • 누구를 ~ 하여 이 지경으로 만들다.: 把誰 ~ 成這樣
   • 나를 미워하여 이 지경으로 만들다.: 把我恨成這樣(= 這個樣子)
   • 나를 때려 이 지경으로 만들다.: 把我打成這樣

- 하마터면 ~ 할 뻔하다.: 差一點 ~ 了 혹은 險些 ~
- ~ 의 목숨을 앗아가다.: 要 ~ 的命

b. 차가 고양이를 치어 눌러 이 지경이 되었어요, 하마터면 토할 뻔 했어요.
  - 車子把猫軋成這個樣子, 我差點吐了.

  * (車 등이) 치어 누르다.: 軋
  * 토하다.: 吐

c. 당신이 여기 있"었기에 망정이지", "하마터면" 그는 죽을 뻔 했어!
  - 幸好你在這, 差一點他就沒命了.

  - ~ 하기에망정이지: 幸好 ~ ~
  - 목숨을 잃다.: 沒命

d. 하마터면 열차를 놓칠 뻔 했어요. 감사합니다, 때마침 저를 도와주셔서!
  - 差一點我就錯過了火車. 謝謝你及時相助!

  * "하마터면 ~ 할 뻔 하다."를 "幾乎 ~ "라는 말로써 대신해도 그 의미는 거의 변하지 않는다. 이를테면 "하마터면 맞아 죽을 뻔 하였다."를 위의 보기대로 "我差一點就被打死了."라고 할 수 있겠지만 또 "我幾乎被打死了."라고 할 수도 있다.

  * 놓치다: 錯過
  * 때맞춘 도움: 及時相助

21. ~하고도 또 ~한: 旣(又) ~ ~ 又 ~ ~

예문

a. 나는 아름다우면서도 선량한 그녀를 사랑하게 되었다.
   - 我愛上了既漂亮又善良的她.

   • ~ 하고도 또 ~ 한: 既(= 又) ~ ~ 又 ~ ~

b. 고객들마다 모두 보기 좋으면서도 값싼 물건을 사길 좋아한다.
   - 每個顧客都喜歡買既好看又便宜的東西.

   * 손님: 顧客

22. 결국 ~하는 셈이다.: 總算 ~

예문

a. "결국" 몇 마디 "말같은 말"을 "하는 셈이군!"
   - 你總算說了幾句像樣的話.

   • 결국 ~ 하다(하는 셈이다).: 總算 ~
   • 그럴듯한 ~: 像樣的 ~
   • 말같은(= 그럴듯한) 말: 像樣的話

b. 이제야 나는 결국 이해를 하게 되었다.
   - 現在我總算弄明白了.

c. 이 지역에는 살만한 그럴듯한 물건이 없으니, 우리 다른 곳으로 갑시다!
   - 這個地區沒有什麼像樣的東西可買, 我們去別的地方吧!

23. 결론적으로 말하자면: 總的來說 혹은 總而言之 혹은 總之

예문

a. "결론적으로 말하면", 그는 한국의 가장 대표적인 전통문인이다.
   - 總而言之, 他是韓國最有代表性的傳統文人.

   • 결론적으로 말하자면: 總而言之 혹은 總之 혹은 總的來說

b. 결론적으로 말하면 그는 결코 모든 학생들을 대표하지 못한다.
   - 總的來說, 他並不代表所有學生.

   * ~를 대표하다.: 代表 ~

24. ~에 달려있다.: 看 ~

예문

a. 공무원의 월급은 정부가 국내의 물가"를 보고 책정한" 것이다.
   - 公務員的薪水是政府看國內的物價標準而算定的.

   • ~ 를 보고 정하다.: 看 ~ ~ 而定
   • ~ 를 보고 나서 다시 얘기하다.: 看 ~ ~ 再說
   • ~ 에 의존하다.(= 달려있다.): 看 ~

b. 우리 이 다음의 상황을 본 후에 다시 얘기합시다.
   - 我們看看以後的情況再說吧!

c. 그 상품의 가격은 대개 소비자의 구매욕망을 본 후에 정한 것이다.
   - 那個商品的價錢主要是看消費者的購買慾望而定.

d. 내가 성공할까요?-그것은 당신이 노력하느냐 마느냐에 달려있어요. (그것은 당신에게 달려있어요.)
 - 我會成功嗎? -這要看你努力不努力! (這要看你!)

25. ~는 그렇다 치더라도 그래도 ~: ~ 倒也罷了, 可是 ~

예문

a. 그가 이렇게까지 타락한 것은 "그래도 그렇다 치더라도" 그는 조상들이 남긴 유산까지도 잃어버렸어요!
 - 他墮落成這樣倒也罷了, 可是他卻把祖宗傳下來的遺産也給輸掉了!

- ~ 는 그렇다 치더라도(= 그래도 용서한다 하더라도) 그래도 ~ ~:
  ~ 倒也罷了, 可是 ~ ~ (= ~ 是情有可原, 可是)
- ~ 하도록 타락하다.: 墮落成 ~
- 조상: (老)祖宗 혹은 祖先
- 유산: 遺産
- (노름등으로 인해)져서 잃어버리다.: 輸掉

b. 돈을 잃어버린 것은 그래도 그렇다 치더라도 지갑 속의 신분증등은 잃어버려서는 안 되는 것입니다.
 - 我丟了錢倒也罷了, 不過皮包裏的證券可不能遺失呀!

  * 잃어버리다. 혹은 버리다.: 丟
  * 지갑: 皮包
  * 신분증: 證券
  * 유실하다. 잃어버리다.: 遺失

26. 결정을 내리다.: 出主意

예문

a. 당신은 골동품 "전문가"이니, 어서 저에게(=저를 위해) "견해를 밝혀 주십시오".
  - 你是骨董行家, 快給我出個主意吧!

  • 견해를 밝히다. 혹은 결정을 내리다.: 出主意
  • ~ 방면의 전문가: ~ 行家

b. 그는 주식방면의 전문가이니, 당신이 주식을 살려고 하면 그를 찾아가 좀 상의를 하셔야 할 것입니다.
  - 他是股票行家, 你要買股票應該找他商量商量.

  * 주식: 股票
  * 상의하다.: 商量

c. 나는 마음 속으로 줄곧 결단을 못하고 머뭇거리고 있어요, 사실대로 얘기하면 나는 지금까지도 아직 결정을 못내리고 있답니다.
  - 我心裏一直猶豫不決, 說老實話我到現在也還沒有出主意.

  * 결정을 못하고 머뭇거리다.: 猶豫不決

27. ~의 자리를 대신하다.: 取代 ~ 的位置

예문

a. 그는 선수들을 잘 다스리지 못해 최근에 외국에서 온 새로운 감독이 "그의 직위를 대신하였다".
  - 他管理球員不太好, 因此最近外國來的新教練取代了他的職位.

- 선수: 球員 혹은 選手
- 감독: 教練

b. 아마 십년 후에는 중국의 경제가 발달하여 자가용이 자전거의 자리를 대신할 것이다.
   - 大概十年以後中國的經濟會更加發展, 那時轎車會取代自行車的位置.

   * 자가용: 轎車
   * 자전거: 自行車
   * 위치 혹은 자리: 位置

28. 결코 ~이 아니다.: 並不是 ~

예문

a. "세치기하는 행위"는 문화시민이 할 도리가 아니다.
   - 挿隊的行爲並不是文化市民該作的行動.

   - 세치기하다.: 挿隊
   - 행위: 行爲 혹은 行動
   - 결코 ~ 이 아니다.: 並不是 ~
   - 문화시민: 文化市民
   - 마땅히 해야 할: 該作的
   - ~ 할 도리: 該作的行動

b. 세치기하는 사람은 응당 처벌을 받아야 한다.
   - 挿隊的人應該被處罰.

   * 처벌하다.: 處罰

* 처벌받다.: 被處罰 혹은 受處罰

29. 본래 가지고 있는 혹은 응당 있어야 할 ~ 應有的 ~

예문

a. 매우 아깝게도 이번에 한국 국가대표팀은 자신이 "본래 가지고 있던" 수준을 발휘하지 못하였다.
   - 很可惜這次韓國國家代表隊的表現沒有發揮出自己應有的水準.

   • 본래 가지고 있는 혹은 응당 있어야 할 ~: 應有的 ~
   • 표현, 드러낸 행동, 또는 성적: 表現
   • 발휘하다.: 發揮
   • 수준: 水準 혹은 水平

b. 매우 기쁘게도 이번에 한국 국가대표팀은 자신이 본래 가지고 있던 수준을 충분히 회복하였다.
   - 很高興這次韓國國家代表隊的表現能夠回復了自己應有的水準.

c. 나는 응당 있어야 할 댓가를 얻을 권리가 있다.
   - 我有權利得到應有的代價.

30. ~하고자하는 마음이 절실하다.: ~ 心切

예문

a. 당시 한국팀의 선수들은 이기고자 "하는 마음이 절실하여" 경기를 함에 있어 더욱 혼란스러웠다.
   - 當時韓國隊的球員們求勝心切, 打起球來更亂了!

- ~ 하는(혹은 하고자 하는) 마음이 절실하다.: ~ 心切
- 이기고자 하다.: 求勝
- 이기고자 하는 마음이 절실하다.: 求勝心切
- (구기 종목의) 경기를 하다.: 打球
- 혼란스럽다.: 亂

b. 심지어 어떤 군인들은 중추절 저녁의 보름달을 보고는 고향을 그리는 마음이 절실하여 울기 시작하였다.
   - 甚至有的軍人看到中秋夜晚的大月亮以後, 思鄕心切就開始哭起來.

   * 심지어: 甚至(於)
   * 중추절 저녁: 中秋夜晚
   * 보름달: 大月亮 혹은 滿月
   * 고향을 그리다.: 思鄕
   * 고향을 그리는 마음이 절실하다.: 思鄕心切

c. 그때 나는 집에 돌아가고자 하는 마음이 절박하여 실수로 발을 잘못 디뎠다.
   - 當時我回家心切, 不小心就失足了.

   * 실족하다. 발을 잘못 디디다.: 失足
   * 이 외에도 "~ 心切"의 표현예로는 "求功心切"(공을 세우려는 마음이 절실하여)든지 "攻擊心切"(공격을 하려는 마음이 절실하여) 등 매우 많이 있다.

3. 문화 중국어

1. 가문이 몰락하다.: 家道中落

> 우리말의 "가문"이라는 말은 중국어로 "家世", "家門", "家道", "家境" 등의 단어로 표현할 수 있다. 또 "몰락하다"는 말은 "沒落", "衰落", "日衰"(날로 쇠퇴하다.)등의 단어를 사용할 수 있다.

예문

a. 그 사람의 할아버지 대에서는 이 일대의 제일 가는 갑부였지만 지금은 가문이 몰락하여 예전에 비해 형편이 없습니다.
   - 他爺爺那一輩是這一帶首富, 但現在家道中落, 大不比從前了。

   * 爺爺: 할아버지
   * 輩: "代"와 동의어로 "세대"의 의미임.
   * 一帶: 일대
   * 首富: 첫째가는 부자
   * 大不比從前: 예전과 크게 다르다.

b. 한국의 옛날 양반계급이 가문이 몰락한 후에는 잔반이라고 불렀다.
   - 韓國古代兩班階級家道中落後叫殘班。

   * 兩班: 양반
   * 階級: 계급
   * 叫: ~라고 부르다.
   * 殘班: 잔반

2. 자기 것으로 점령하다.: 占爲己有

"占"이란 말은 "占領"(점령하다)의 뜻이고, "爲"는 "~로 삼다"의 의미이며; "己"는 "自己"의 뜻이고, "有"는 "所有"의 의미이다. 따라서 "占爲己有"의 의미는 "占領爲自己的所有"(점령하여 자기의 소유로 삼다.)라는 뜻이다.

예문

a. 이 섬은 원래 중국소유였지만 일본에 의해 자신의 것으로 점령되어 주차장으로 사용되고 있습니다.
- 這島嶼原來是中國的，但被日本占爲己有做爲停車場了。

* 島嶼: 도서, 섬
* 做爲: ~로 삼다.
* 停車場: 주차장

b. 일본이란 나라는 독점력이 비교적 강하여 언제나 인접국의 영토를 점령하여 자신의 것으로 만든다.
- 日本這個國家獨占慾比較强，老是把隣國的領土占爲己有。

* 獨占慾: 독점욕
* 老是: 언제나
* 隣國: 인접국
* 領土: 영토

3. 타향을 전전하다.: 流落他鄕

사실 "流落"이란 단어 속에는 이미 타지에 떨어져 유랑한다는 의미가

> 포함되어 있다. 말하자면 "流落"은 "飄落在外鄉"(즉 타향에서 전전하다.) 이라는 뜻이다.

예문

a. 이 지역은 천재가 빈번하여 많은 촌민들이 하는 수 없이 타지로 전전하게 만들었다.

- 這个地區天災頻仍，致使許多村民被迫流落他鄉。

* 地區: 지역
* 天災: 천재적 재앙
* 頻仍: 빈번하다. 동의어로는 "頻頻", "頻繁", "頻煩" 등이 있다.
* 致使: ~하게 만들다.
* 許多: 많은
* 村民: 촌민
* 被迫~: 강압을 당하여 ~하다.
* 流落: 타향에서 표류하다.

b. 민족의식이 있는 그들 상인들은 문화재협회를 하나 만들었는데, 주요 목적은 세계각국에서 타지에 방치된 한국의 문화재를 구입하는 것이었다.

- 他們這群有民族意識的商人組識一个文物協會，主要目的是在世界各地蒐購流落他鄉的韓國文物。

* 群: 무리
* 民族意識: 민족의식
* 商人: 상인
* 組識: 조직하다.
* 文物: 국가의 문물제도, 문화재
* 協會: 협회

* 主要目的: 주요목적
* 蒐購: 찾아 구입하다.

4. 마음 속에 품고있는: 心目中的

"마음 속에 품고있는 이상형의 남자"라는 말을 중국어로 표현하면 "心目中的如意郎君"이라고 말할 수 있다.

예 문

a. 그 서양 남자의 외모는 중국 여자들이 마음 속에 품고 있는 백마를 탄 왕자의 모습과 꼭 부합하므로 여자와의 인연이 매우 많습니다.
   - 那西方男人的外表正符合中國女人心目中白馬王子的形象，所以很有中國女孩子緣。

   * 外表: 외모
   * 正: 꼭
   * 符合: 부합(하다)
   * 白馬王子: 백마를 탄 왕자
   * 形象: 모습
   * 緣: 인연

b. "슈퍼맨"이 반영하고 있는 것은 미국사람들이 마음 속에 품고 있는 영웅의 모습입니다.
   - "超人" 反映的是美國人心目中英雄的形象。

   * 超人: 초인, 슈퍼맨
   * 反映: 반영(하다)
   * 英雄: 영웅

5. 돈보다 사람이 우선(돈과 재물은 몸 밖의 것이다.): 錢財爲身外之物

> "身外物" 혹은 "身外之物"란 말은 모든 부귀와 재물을 통틀어 부르는 말로 사용된다.

예문

a. 돈보다 사람이 우선입니다. 그것들을 너무 중하게 여기지 말아요.
   - 錢財爲身外之物, 你別把它看得太重。

   * 錢財: 재물
   * 看重: 중히 여기다.

b. 중국인들은 말하길, "돈보다 사람이 우선이다. 돈을 잃으면 재앙이 소멸된다."라고 하는데, 이는 사람이 무사하면 그만이라고 위안하는 말이다.
   - 中國人說, "錢財爲身外之物, 花錢消災", 是安慰人平安就好。

   * 花錢消災: 돈을 쓰서 재앙을 소멸시키다.
   * 安慰: 위안(하다).
   * 平安: 평안(하다)

6. ~이 없어서는 않된다.: 不能沒有 ~

예문

a. 집에는 당신이 "없어서는 않됩니다".
   - 在家裏不能沒有你.

b. 사무실에는 컴퓨터가 없어서는 안 된다.

- 在辦公室不能沒有電腦.

    * 사무실: 辦公室
    * 컴퓨터: 電腦

c. 한국음식에는 김치가 없어서는 안 된다.

- 在韓國菜裏面, 不能沒有泡菜.

    * 김치: 泡菜

7. 자나깨나 바라는: 夢寐以求的

예문

a. 여인의 검고 빛나는 긴 머리는 남성들이 "자나 깨나 바라는 꿈"입니다.
- 女人的烏黑亮麗的長髮, 是男人夢寐以求的夢想.

    • 검고 아름답게 빛나다.: 烏黑亮麗
    • 자나 깨나 바라는: 夢寐以求的
    • 꿈 혹은 소망: 夢想

b. 조국 통일은 온 국민이 자나 깨나 바라는 꿈입니다.
- 祖國統一是全國民夢寐以求的夢想.

c. 이번에 나는 중국에서 "자나깨나 바라는" 만리장성을 결국 보게 되었다.
- 這次我在中國終於看到了夢寐以求的萬里長城.

d. 요조숙녀는 군자가 자나 깨나 바라는 반려자이다.
   - 窈窕淑女是君子夢寐以求的伴侶.

   * 요조숙녀: 窈窕淑女
   * 반려자: 伴侶

8. 사람마다 책임이 있다.: 人人有責

예문

a. 화재를 방지하는 일은 "사람마다 책임이 있어요".
   - 防止火災, 人人有責.

   • 사람들마다 책임이 있다.: 人人有責
   • 방지하다.: 防止
   • 화재: 火災

b. 무림을 위해 해가 되는 자를 제거하는 것은 사람들마다 그 책임이 있다.
   - 替武林除害, 人人有責.

   * 무림: 武林
   * 해를 제거하다.: 除害

c. 자신의 나라의 문화재를 보호하는 것은 사람들마다 그 책임이 있다.
   - 保護自己國家的文化古跡, 人人有責.

9. 모두 다 ~하다.: ~ 遍了

예문

a. 나는 한국의 산세를 조사하기 위하여 전국의 모든 명산을 "다 돌아다녔다".
  - 我爲了調査韓國的山勢, 走遍了全國所有名山.

  - ~ 遍了 ~ : ~ 를 모두 ~ 하다.
  - 走遍了 ~ 혹은 跑遍了: ~ 를 다 가보다.
  - 吃遍了 ~: ~ 를 다 먹어보다.
  - 조사하다.: 調査
  - 산세: 山勢

b. 나는 중국요리를 좋아해요, 저는 중국의 유명한 음식들을 모두 다 먹어 보았다고 말할 수 있을 겁니다.
  - 我喜歡中國菜, 我可以說是吃遍了所有中國名菜.

* 가히 ~ 라고 말할 수 있다.: 可以說是 ~ ~

10. 절대 ~해서는 않된다.: 千萬不可 ~

예문

a. 당신의 병이 "이제 막 좋아지려고 하는데", "절대로 방심해서는 안 돼요!"
  - 你的病剛剛有了起色, 千萬不可大意!

  - 이제 막 좋아지려고 하다.: 剛剛有了起色
  - 절대 ~ 해서는 않된다.: 千萬(萬萬)不可 ~
  - 방심하다.: 大意

b. 국제통화기금하의 한국의 경제가 이제 막 좋아지려고 하는데, 절대로

다시 낭비하기를 시작해서는 안 된다.
- 國際通貨基金下的韓國的經濟剛剛有了起色, 千萬不可再開始浪費起來.

11. ~함으로써 ~하지 않도록 해야 한다.: ~ , 以免 ~

예문

a. 겨울의 건조시기에는 모두들 특별히 화재를 조심 "함으로써" 소중한 재산과 생명을 잃지 "않도록 해야" 합니다.
- 冬天的乾燥時期大家要特別小心火災, 以免失去寶貴的財産和生命.

• ~ 함으로써 ~ 하지 않도록 하여야 한다.: ~ ~ , 以免(=免得) ~ ~

b. 이야기를 할 때는 확실히 말을 함으로써 오해가 발생하지 않도록 해야 합니다.
- 說話要講淸礎, 以免發生誤會.

c. 결정을 한 후에 즉시 계약을 맺어요! 당신의 마음이 흔들리지 않도록.
- 你決定以後馬上打契約吧, 免得你亂了主張.

* ~ 하지 않도록: 免得 ~

* 이러한 유형의 관용표현으로는 以免 외에도 以便 · 以防 · 以求 · 以期 등이 있다. 그 용법을 보면 다음과 같다.

① 以便: 你最好把這些古文翻成白話, 以便大家好懂.
(가장 좋게는 이러한 고문들을 백화로 번역함으로써 모두들 쉽게 이해하는데 편리하도록 하는 것입니다.)

② 以防: 你要細心檢查, 以防萬一.
　　(세심히 검사함으로써 만일의 경우를 방지해야 합니다.)
③ 以求 : 儒家思想重視和諧, 以求天下或世界大同.
　　(유가사상은 화해를 중시함으로써 천하 혹은 세계의 대동을 도모한다.)
④ 以期: 想拉攏我, 以期擴散自己的勢力.
　　(그는 나를 포섭하려고 함으로써 자신의 세력을 확산시키기를 바란다.)

* 접근하여 자기편으로 만들다. 포섭하다.: 拉攏
* 확산시키다.: 擴散

12. ~ 의 방향을 향해 가다.: 朝 ~ 方向走

예문

a. 과거의 많은 공산주의 국가들도 최근에는 모두 자본주의"의 방향을 향해" 그들 국가의 경제를 운영하고 있다.
　- 過去的很多共産主義國家最近都朝着資本主義的方向經營自己國家的經濟.

　• ~ 의 방향을 향해 가다.: 朝(着) ~ ~ 方向走
　• 경영하다. 운영하다.: 經營

b. 우리나라는 줄곧 세계화의 노선을 향해 전진합니다.
　- 我們國家一直是朝世界化的路線前進.

13. 약고 닳아빠진 사람: **勢利現實**

예문

a. 상인들의 "약고 닳아빠진" 것을 배워서는 안 돼!
   - 你可不能學習商人的勢利現實.

   • 약고 닳았다: 勢利現實
   • 상인: 商人

b. 나는 그 자의 약고 닳아빠진 점을 도저히 참을 수가 없었다.
   - 我不能忍受他的勢利現實.

   * 참다. 견디다.: 忍受
   * 도저히 못참다.: 不能忍受

c. 그들은 정말 너무도 견딜 수 없을 만큼 저속해, 정말이지 나는 그들의 약고 닳아빠진 점을 참을 수 없어!
   - 他們眞"俗不可耐", 我眞不能忍受他們的勢利現實.

   * 참을 수 없을 정도로 속되다.: 俗不可耐
   * 중국어에서 "現實"라는 단어는 우리말의 "현실"이라는 의미 외에도 다소 부정적인 의미인 "닳고 약았다"는 뜻을 지님.

14. 행동이 의심스러운: 行蹟可疑

예문

a. "행동이 의심스러운" 사람이 있으면, 경찰서로 신고해야 합니다.
   - 若有行蹟可疑的人, 應該報警.

   • 행동이 의심스러운: 行蹟(= 行動)可疑
   • 경찰에 신고하다.: 報警

b. 행동이 의심스러운 것을 보니 간첩이 틀림없어!
  - 我看他行蹟可疑, 肯定是個間諜.

    * 분명히 ~ 이다.: 肯定是 ~
    * 간첩: 間諜

15. 단도직입적이다.: 直接了當

예 문

a. 그렇게 항상 "단도직입적"으로만 얘기하지 말고, 언제나 "은근히 말하는 법"을 배워야 해.
  - 說話別老是那麼直接了當. 你應該學習含蓄一點的態度.

    • 단도직입적이다.: 直接(了當) 혹은 開門見山 혹은 幹脆
    • 함축적이다. 혹은 은근히 말하다.: 含蓄 혹은 委婉

b. 한국인들은 말하는 것이 아주 단도직입적이다. 그에 비해 중국인들은 항시 은근히 말하기를 좋아한다.
  - 韓國人說話很直接, 相比之下, 中國人總是喜歡講很委婉, 很含蓄.

    * 그에 비해: 相比之下

16. 요란하게 허세를 부리다.: 鋪張

예 문

a. 그렇게 "요란하게 겉치레하지" 마세요. 겸손할 줄을 알아야죠. 더군다나 요즘같은 시기에.

- 你別那麼鋪張. 要懂得謙虛. 何況在這個時代!

  • 요란하게 허세를 부리다.: 鋪張(聲勢)

b. 모든 일에 너무 허세를 부린 점이 그 나라의 경제악화의 주원인이었다.
  - 凡事過於鋪張是那國經濟惡化的主要原因.

  * 너무 지나친: 過於
  * "過於"는 "太"라는 말과 동일하며 그 용례도 같다. 이를테면 "너무 그렇게 긴장을 하지 마세요."라는 표현은 "別那麼過於緊張."인데 여기서 "過於" 대신 "太"를 써도 무방하다.

17. 몸보신하다.: 補身子

예문

a. 그녀는 늘상 뭘 다려서 "남편의 몸보신을 시켜줍니다". 정말 좋은 아내입니다.
  - 她常常燉點東西給先生補補身子, 眞是個好太太.

  • 다리다. 혹은 고으다.: 燉
  • 몸보신하다.: 補身子 혹은 補身體

b. 많은 동양의 남자들은 몸보신을 위해 개고기를 먹는다.
  - 很多東方男人爲了補身子吃狗肉.

  * 개고기: 狗肉

18. ~의 사실이 부끄럽지 않다.: 不愧是 ~

예문

a. 그는 정말 "뒷 힘이 좋군". 작년 올림픽 금메달 선수인 "것이 부끄럽지 않아"!
   - 他耐力眞不錯, 不愧是去年奧運金牌得主.

   • 뒷힘이 좋다.: 有耐力 혹은 耐力好 혹은 有後勁兒 혹은 後勁兒好
   • 올림픽: 奧運
   • 금메달 선수: 金牌得主
   • ~ 답다. 혹은 ~ 의 사실이 부끄럽지 않다.: 不愧是 ~

b. 그는 정말 잘하군, 주장다워!
   - 他表現眞好, 不愧是領隊.

   * 잘하다.: 表現好
   * 주장 혹은 팀장: 領隊

c. 그는 비록 여위었지만 뼈속에 힘이 있어!
   - 他雖然瘦, 可是骨頭裏有勁兒.

   예1) 저에게 좀 독한 술을 주시오!
       - 請給我勁兒大一點兒的酒!
   예2) 힘껏 미세요!
       - 你使勁兒推吧!
   * 힘껏: 使勁兒
   예3) 동양선수들은 대개 뒷힘이 부족하다.
       - 東方選手通常後勁兒不够.
   예4) 이 옷은 매우 실용적이다. (즉 잘 떨어지지 않고 오래 입을 수 있음)
       - 這件衣服很耐穿.
   * "耐"와 "勁"이란 단어는 용법이 매우 다양하다. 예를 들어 "이 옷은 불에 강하다"와 "이 옷은 씻어도 아무 상관없다"라는 표현 또한 "這衣服耐

火". "這衣服耐洗".라고 말한다. "勁"이란 단어 역시 쓰임이 다채롭다.

19. ~ 의 발아래에 무너지다.: 敗在 ~ 的脚下

예문

a. 어제 저녁의 축구경기에서 일본팀은 한국팀의 "발아래 무너졌다".
 - 在昨天晚上的足球比賽, 日本隊敗在韓國隊的脚下.

   • ~ 의 발아래에 무너지다.: 敗在 ~ 的脚下
   • ~ 의 손아래에 무너지다.: 敗在 ~ 的手下

b. 어제의 월드컵 경기예선에서 결국 이란팀은 일본팀의 발아래에 무너졌다.
 - 在昨天的世界杯足球豫賽當中, 伊朗隊終於敗在日本隊的脚下.

c. 미국과 중국의 여자배구경기에서 미국팀은 중국팀의 "손아래에 무너졌다".
 - 美國和中國的女子排球賽中, 美國隊敗在中國隊的手下.

   * 월드컵축구시합: 世界杯足球賽
   * 배구: 排球
   * 이란: 伊朗
   * 예선경기: 豫賽   * 본선경기: 本賽
   * 결승경기: 決賽   * 준결승경기: 準決賽
   * "敗在 ~ 的脚下"와 "敗在 ~ 的手下"는 그 경기가 발로 하느냐 아니면 손으로 하느냐의 차이에 따라 구분하여 사용이 가능하다.

20. ~ 의 몸으로서: 身爲 ~

예문

a. 관광안내원의 몸으로서 당신은 고객들에게 사심을 가져서는 아니 된다.
    - 身爲觀光導遊, 你不能對顧客有私心.

- ~ 의 몸으로서: 身爲 ~
- 안내원, 가이드: 導遊

b. 초등학교 선생님의 몸으로서 당신은 응당 타의 모범이 되어야 한다.
    - 身爲小學老師, 你應該以身作則.

* 초등학교: 小學
* 선생님: 老師
* 스스로 모범이 되다.: 以身作則

21. 내 마음속에서는: 在我心目中

예문

a. "나의 마음속에서는" 당신은 순결무구한 천사입니다.
    - 在我心目中, 你是純潔無瑕的天使.

- 나의 마음속에서는: 在我心目中
- 순결하고 흠이 없다.: 純潔無瑕

b. 내 마음 속에서는 미국이란 나라는 자유의 천국으로 생각되고 있다.
    - 在我心目中, 美國這國家是自由的天國.

c. 내 마음 속의 중국여성의 형상은 언제나 치파오를 입고 길을 걸을 때

뒤뚱거리며 허리와 둔부를 흔들며 걷는 모양이다.
- 我心目中的中國姑娘是永遠身穿旗袍走路扭扭捏捏搖擺腰臀的樣子.

  * 몸에는 ~을 입다.: 身穿 ~
  * 치파오: 旗袍
  * 뒤뚱거리며 걷거나 수줍어하는 부자연스러운 모습: 扭扭捏捏
  * 흔들다.: 搖擺
  * 허리와 둔부: 腰臀

22. 가장 잘하는(자신있는): **最拿手的**

예문

a. 어향육사는 그녀가 "가장 잘하는" 요리입니다. (魚香肉絲是她拿手的菜.)

  • 가장 잘하는(= 자신있는) ~: 拿手的 ~
  • 요리 혹은 음식 혹은 반찬: 菜

b. 스케이트는 그녀가 최고로 자신있는 운동종목입니다.
  - 溜冰是她最拿手的運動項目.

  * 스케이트: 溜冰
  * 운동종목: 運動項目

c. "고향"이라는 프로그램은 이 텔레비전 방송국의 자신있는 작품이다.
  - 故鄉"這個節目是該電視台的拿手好戲.

  * 프로그램: 節目 혹은 單元

* 이: 該(= 這)
* TV 방송국: 電視台
* 자신있는 작품 혹은 자신있는 것: 拿手好戲

23. 필경 혹은 여하튼: 畢竟

예문

a. 우리는 그래도 어쨌든 머리를 묶은 부부사이기에 그가 집을 떠난 날이 오래됨에 따라 과거의 사소한 원한들도 점점 사라져감을 느꼈어요!
   - 我們畢竟是結髮夫妻, 他離家的日子久了, 這過去的小恩小怨也漸漸淡了!

   • 필경, 그래도 어쨌든, 결국: 畢竟

b. 그는 결국 이 곳을 곧 떠날 외국인인데, 왜 그렇게도 박정하게 그를 대합니까?
   - 他畢竟是個快要離開這裏的外國人, 你幹嘛對他那麼刻薄?

c. 안동은 여하튼 한국정신문화의 수도인데, 여기는 그래도 문방사우 박물관이 하나 있어야 합니다.
   - 安東畢竟是韓國精神文化的首都, 這總需要一個文房四友博物館.

24. 데모를 일으키다.: 發動示威

예문

a. 대다수의 국민들은 민노총이 "데모를 일으킨" 일을 걱정하였다.

- 大多數的老百姓都很擔心民勞總發動示威的事情.

    • 데모를 일으키다.: 發動示威
    • 데모: 示威(活動)

b. 인도네시아에서는 어제 또 대규모의 데모가 발생했다.
    - 印尼昨天又發生了大規模的示威活動.

c. 인도네시아에서는 어제 또 수많은 사람들이 큰 데모를 일으켰다.
    - 在印尼成千上萬的人又發動了大示威.

    * 수많은: 成千上萬的

25. 가문이 몰락하다.: 家道中落

예문

a. 집안에 시들은 나무가 있으면 집"운이 몰락할" 것입니다.
    - 家有枯樹, 家道會中落的.

    • 시들은(혹은 마른) 나무: 枯樹
    • 가문이 몰락하다.: 家道中落

b. 증조부 시대부터 우리 가문은 점점 몰락하다가 부친 대에 이르러 가문을 진흥시키기 시작하였다.
    - 曾祖父時代起我們家道漸漸中落, 不過我父親又開始振興家道.

    * 가문을 일으키다.: 振興家道

26. 위험수기를 벗어나다.: 脫離了險境

예문

a. 한국의 외환위기는 이미 "위험수기를 벗어난" 듯하다.
   - 韓國的外換危機好像已脫離了險境.

   - 외환위기: 外換危機
   - 벗어나다.: 脫離
   - 위험상황 혹은 위험수기: 險境
   - 위험수기를 벗어나다.: 脫離了險境

b. 인도네시아의 경제적 위기가 무마되기 전에는 한국의 외환위기가 다시 재발할 가능성이 있다.
   - 印尼的經濟危機還沒被平撫之前, 韓國的外換危機也可能重演.

   * 무마하다.: 平撫
   * 다시 재연되다.: 重演

c. 그의 병은 어제 밤에 이르러 이미 위험상황을 벗어났다고 의사는 말했다.
   - 醫生說他的病到了昨夜已脫離了險境.

27. ~에 관계되다.: 關係到 ~

예문

a. 이것은 한 사람의 전도에 관계될 뿐 아니라 또한 현 심지어는 일개 부의 영예와도 관계가 있었다.
   - 這不僅關係到一個人的前程, 還關係這一個縣甚至一個府的榮耀.

   - ~ 에 관계되다.: 關係到 ~

- ~ 뿐 아니라 또한 ~ 도: 不僅 ~ ~ , 還 ~ ~
- 전도: 前程(= 前途)
- 영예: 榮耀

b. 한일간의 운동시합은 비단 두 국가 운동선수들간의 실력평가에 관계되는 것 외에도 또한 두 나라 국민간의 자존심의 문제에도 관여된다.
- 韓日間的運動比賽不僅關係到兩國運動員的實力較量, 還關係着兩國國民自尊心的問題.

　* 고하를 비교하다.: 較量
　* 실력평가: 實力較量

28. ~을 고려하여: 基於 ~ 的考慮(之下)

예문

a. 가난한 사람은 한평생 집을 살 수가 없다는 "점을 고려하여", 정부는 올해부터 대기업의 부동산 열기를 엄격히 금지시키고 있다.
- 基於窮人一輩子無法買房子的考慮之下, 政府從今年開始嚴禁大企業的房地産熱潮.

- ~ 를 고려하여, ~ 에 입각하여: 基於(= 出於) ~ ~ 的考慮(之下)
- 가난한 사람: 窮人
- 한평생: 一輩子
- ~ 할 수가 없다.: 無法 ~
- 집을 마련하다.: 買房子
- 고려하다.: 考慮
- 정부: 政府
- 엄격히 금지시키다.: 嚴禁
- 대기업: 大企業

- 부동산: 不動産 혹은 房地産
- 열기: 熱潮

b. 홍익인간의 관점에 의거하여 고대 한국의 통치자들은 모두가 국민들의 권익을 중시하였다.
  - 基於弘益人間的觀點, 古代韓國的統治者都很重視了國民的權益.

    * ~ 의 관점에 의거하여(= 기초하여): 基於 ~ 的觀點
    * 홍익인간: 弘益人間
    * 통치자: 統治者
    * 권익: 權益

29. 무슨 작용을 끼치다.: 起了 ~ 作用

예문

a. 양명학 사상은 명청시대 중국의 인성해방운동에 좋은 "작용을 끼쳤다".
  - 陽明學思想對中國明淸時代的人性解放運動起了良好的作用.

    - 무슨 작용을 끼치다.: 起了 ~~ 作用

b. 그의 출현은 우리나라 서예예술의 발전에 적극적인 작용을 끼쳤다.
  - 他的出現對我國的書法藝術的發展起了積極的作用.

30. 평상시대로: 照樣

예문

a. 겨울방학 동안에 나는 책을 한권 쓰기 위하여 "평상시대로" 등교를 하

였다.
- 放寒假的時侯, 我爲了寫一本書照樣上學了!

- 평상시대로: 照樣 혹은 照常 혹은 照 ~
- 등교하다.: 上學
- 하교하다.: 下學

b. 은행은 비록 도산했어도 당신은 평상시대로 돈을 받을 수 있어요.
- 銀行雖倒了, 不過你照樣可以拿錢.

c. 저 서점은 일요일에도 평상시대로 영업을 합니다.
- 那家書店星期天也照常營業.

d. 출국하기를 원하면 당신도 수속을 평상시대로 밟아야 해요, 당신이라고 예외가 없어요.
- 你想要出國也要照辦手續, 你也不能例外!

* 수속을 밟다.: 辦手續
* 예외가 없다.: 不能例外
* 당신도 예외가 없다.: 你也不能例外

02 관광통역 중국어 면접실전연습

기출면접시험문제

1. 자기소개
2. 한국역사
3. 경복궁
4. 만약 손님이 쇼핑을 안 할 때 대처방법
5. 관광통역사가 민간외교관인 이유
6. 제주도
7. 지원동기
8. 가이드란 직업의 장래성
9. 한국에서 가장 아름다운 곳
10. 창덕궁
11. 중국사람에게 소개하고 싶은 물건 3가지
12. 고려인삼에 대해 설명
13. 한국의 교육제도
14. 국민의 의무
15. 관광객을 태우고 가던 버스가 고장났을때
16. 박정희의 정치특징
17. 중국인에게 소개할만한 기념품
18. 한국의 세계문화유산

19. 초대 대통령
20. 한국의 민족과 언어
21. 경주
22. 왜 가이드를 하려고 하는가
23. 겨울철에 소개할 만한 관광 지역
24. 롯데월드에 대해
25. 중국인에게 단오와 유교사상이 중국의 것만이 아님을 어떻게 설명
26. 한국불교와 중국불교의 차이
27. 금천교에 대해
28. 서울에 대해
29. 한국에서의 유교사상의 흔적
30. 여행객이 지갑을 잃어버렸다면
31. 한국전쟁의 발발이유
32. 한국경제의 발달과정
33. 고려청자
34. 한국의 고속도로
35. 가이드의 자질
36. 김치
37. 한옥
38. 중국에서 가장 인상 깊었던 곳

1. 자기소개

■ 한국어

➡ 이름과, 나이, 학교 졸업연도 등을 소개

> **예** 안녕하십니까! 제 이름은 ○○○이고, 올해 ○○살입니다. 저는 ○○대학교 중문과를 올해(2012년) 졸업하였습니다.

➡ 자신의 관심사에 대해 간단히 소개

> **예** 저는 어릴 때부터 중국에 흥미가 많아 대학교에서 중문과를 선택해 중국어를 공부한지도 어언 십년(오륙년)의 세월이 다 되어갑니다.

➡ 자신의 개성(성격)과 직업에 대한 적성을 간단히 결합시켜 소개

> **예** 1. 저의 개성은 매우 활발하여 친구 사귀길 좋아하므로, 스스로 생각하길, 중국어 관광 가이드가 적성에 매우 맞다고 생각합니다.
> 2. 저의 개성은 약간 내성적이지만 외국친구를 사귀길 좋아하므로, 중국어 관광 가이드가 적성에 매우 맞다고 생각합니다.
> 3. 저의 개성은 매우 외향적이라 언제나 친구 사귀길 좋아하므로, 가이드 일을 해서 여러 종류의 친구들을 사귀고 싶습니다.

■ 중국어로 말하기

➡ 이름과, 나이, 학교 졸업연도 등을 소개

> 예 大家好! 我叫(金哲洙), 今年(27歲), 我今年(2012年)畢業了 OO 大學 中文系.

➡ 자신의 관심사에 대해 간단히 소개

> 예 我從小對中國很有興趣, 所以選了大學中文系學習中文已經有快10年的(5,6年的)歷史了.

➡ 자신의 개성(성격)과 직업에 대한 적성을 간단히 결합시켜 소개

> 예 1. 我的個性是: 非常活潑, 也很喜歡交朋友. 所以我認爲自己很適合做中文觀光導遊.
> 2. 我的個性是: 有點內向, 但是很喜歡交外國朋友. 所以我認爲自己很適合做中文觀光導遊.
> 3. 我的個性是: 很外向, 一向很喜歡交朋友, 所以我非常願意做導遊工作, 交各色各樣的朋友.

2. 한국역사

■ 한국어

한국의 가장 오래된 국명은 고조선이라고 했습니다. 그때는 중국의 춘추시대에 해당합니다. 그러나 고조선은 중국 한나라에 의해 멸망되고, 그 이후 삼국시대가 열립니다. 삼국이란 고구려, 백제, 신라의 세 나라가 정립하여 서로 전쟁을 벌이던 시대입니다. 그 가운데 고구려의 영토가 가장 넓었고, 국력도 비교적 가장 강했습니다. 그러나 신라의 외교능력이 가장 강해 신라가 당시 중국의 당나라와 연합하여 고구려와 백제를 멸망시키고, 한반도를 통일하여 통일신라시대를 세웠습니다. 통일신라는 500여년을 유지하였지만 고려에게 멸망당했습니다. 또 고려는 조선에게 멸망되었고, 조선시대 말기에는 정치가 극히 부패하여 멸망하려고 할 때, 일본이 한반도를 침략하여 무력으로 점령하였습니다. 그리고 36년 간의 일본식민시대를 거쳐 1945년에 광복을 맞이했습니다. 이상 고대 한국역사에 대한 개괄적인 설명이었습니다.

■ 중국어로 말하기

韓國最早的國名叫古朝鮮, 那時候**相當於**中國春秋時代. 不過古朝鮮**爲(=被)**漢朝**所滅亡**, **之後,** 朝鮮半島就開始了三國時代, 那是高句麗, 百濟, 新羅**三國鼎立** 、 **互相戰爭**的時代. **其中**高句麗的領土最大, 國力也較強, 不過新羅的**外交能力**比較強, 它與中國的唐朝**聯手**滅亡高句麗和百濟, 統一韓半島, 建立了統一新羅時代. 統一新羅**維持**了5百年之久, 然後被高麗滅亡, 高麗又被朝鮮所滅亡, 朝鮮時代末期, 政治**極度腐敗**, **快要滅亡**<u>之際</u>, 日本**侵略**韓半島, 用武力<u>占領</u>了, 然後經過36年的日本殖民時期, 1945年終於光復了. 這就是古代韓國歷史的概括.

- * 相當於~: ~에 해당하다.
- * 爲(=被)~(所)滅: ~에 의해 멸망되다.
- * 滅亡: 멸망하다. 멸망시키다.
- * 三國鼎立: 세 나라가 팽팽하게 맞서다.
- * 互相戰爭: 서로 전쟁을 벌이다.
- * 其中: 그 가운데
- * 外交能力: 외교역량
- * 聯手: 연합하다.
- * 維持: 유지하다.
- * 極度腐敗: 극도로 부패하다.
- * 快要~之際: 막 ~하려고 할 즈음
- * 占領: 점령하다

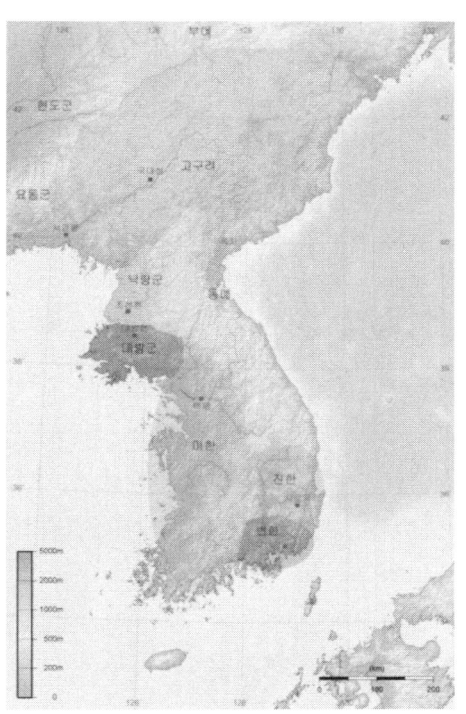

3. 경복궁

■ 한국어

경복궁은 서울에 있는 조선시대의 왕궁으로, 조선시대에 만들어진 다

섯 개의 궁궐 중 첫 번째로 만들어진 곳이다. '큰 복을 누리라'는 뜻을 가진 '경복(景福)'이라는 이름은 정도전이 지은 것이다.

경복궁은 임진왜란 때 불이 나 무너지게 되는데 조선 말 고종 때 흥선대원군의 지휘 아래 새로 지어진다. 경복궁 중건을 통해 조선 왕실의 위엄을 높이고자 하였지만 얼마 되지 않아 여기서 명성황후가 시해되는 사건이 일어난다. 신변의 위협을 느낀 고종이 이곳을 떠나 러시아공사관으로 가게 되니, 단청의 색이 채 마르기도 전에 또 다시 빈집이 되어 버리는 비운을 겪는다.

일제 때에는 중앙청이라 불렸던 조선총독부 건물을 경복궁 내에 만듦으로써 조선 왕조의 상징을 훼손하고 조선의 자존심을 무너뜨렸다.

경복궁의 중심에는 근정전이 있는데, 공식 행사나 조회 등에 사용한 건물이다.

근정전 옆에는 연회의 장으로 사용되었던 경회루를 보게 된다. 인공 연못 위로 지어진 2층 누각 건물로, 남아 있는 목조 건축물 중에서 크기로도 또 아름답기로도 손에 꼽히는 건물이다.

■ 중국어로 말하기

景福宮是**位於**首爾的朝鮮時代的王宮， 它是在朝鮮時代的五個宮殿之中建得最早的. 享受大福的意思的'景福'之名, 是朝鮮時代的政治家鄭道傳所取的. 景福宮在壬辰倭亂之時**慘遭**火災**之禍**, 然後在朝鮮時代末期由大院君主力**重建**. 他想通過重建景福宮, **重新**建立已失去的王室威嚴, 不過不久明成皇后在這裏被日本人殺死. 因此朝鮮時代王高宗覺得此地不安全, 就搬到俄羅絲公館, 所以這宮殿就沒人住. 在**日據時代**， 日本人在此宮殿裏面盖了稱爲中央廳的朝鮮總

督府建築, 意思是想企圖**毀壞**朝鮮王朝的象徵和朝鮮民族的自尊. 景福宮的中央有個建築叫勤政殿, 是**群臣拜王(혹은 君臣相聚)議論國政(혹은 商議國事)**的地方. 勤政殿旁邊就有慶會樓. 它是建於人工池塘上的二層樓閣, 也是韓國**現存**最大最美的建築之一.

* 位於: ~에 위치하다.
* 慘遭: 비참하게 ~을 겪다.
* 慘遭~之禍: 비참하게 ~의 화를 입다.
* 重建: 다시 짓다.
* 重新: 다시
* 日據時代: 일제점령시기
* 毀壞: 파괴하고 훼손하다.
* 群臣拜王: 여러 신하가 왕을 대하다.
* 君臣相聚: 임금과 신하가 서로 모이다.
* 議論國政: 국정을 논하다.

경복궁 근정전

경복궁 경회루

4. 만약 손님이 쇼핑을 안 할 때 대처방법

■ 한국어

　관광가이드는 관광객들을 쇼핑센타나 기념품점 등으로 안내해 그들에게 쇼핑을 하게하고, 쇼핑센타 등은 일정량의 물건을 팔아준 댓가로 관광가이드에게 일정량의 금액을 수고비로 주는 것으로 알고 있다. 그러나 자신의 이윤을 위하여 관광객들에게 질이 낮은 물건을 강매하게 하거나 물정을 모르는 외국관광객들을 속여 물건값을 올려 폭리를 취하는 행동은 정말 있어서는 안 된다고 생각합니다. 관광객이 물건을 사고 안 사고는 전적으로 그들의 자유의사에 맡겨야 한다고 생각합니다.

■ 중국어로 말하기

 觀光導遊通常把觀光客帶到購物中心或紀念品店買東西, 購物中心的老闆給他們一些酬勞金. 不過觀光導遊不應該爲了挣這些錢就強迫觀光客買低級的東西或者把東西給他們賣得太貴. 我認爲, 觀光客買不買東西, 應該是由他們自己隨便選擇的, 導遊絶對不能強迫他們購買東西.

  * 導遊: 가이드
  * 購物中心: 쇼핑센타
  * 紀念品店: 기념품점
  * 老闆: 가게주인
  * 酬勞金: 수고비
  * 挣錢: 돈을 벌다
  * 隨便: 자기 마음대로 편하게
  * 强迫: 강압적으로 ~하게 하다

5. 관광통역사가 민간외교관인 이유

■ 한국어

　관광통역사는 자신이 살고 있는 지역을 찾아온 관팽객들에게 자기 고장의 관광지나 명승고적을 소개함은 물론이거니와 자기 지역의 자랑스러운 문화와 전통을 알려주어야 한다. 관광통역사가 자신의 고장의 문화와 전통을 정확하고 자세하게 소개하여 관광객들이 이를 이해하고 그 나라에 대한 호감을 느껴 다시 그 나라를 방문하게 된다면 이는 정부의 그 어떤 문화관광부의 공무원이 자신의 나라에 대한 그 어떤 홍보보다도 더 큰 의미를 지니게 된다. 왜냐하면 공무원들이 소개하는 그 어떤 문서적인 선전이나 홍보보다도 관광통역사의 직접적인 자세한 설명과 해설을 통해 관광객들은 직접 눈으로 그 나라의 모습을 보고 느낌으로써 더욱 큰 인상을 받게 되기 때문이다.

■ 중국어로 말하기

　觀光導遊不但要給觀光客介紹自己國家的<u>觀光勝地</u>與<u>名勝古跡</u>, 同時也要給他們<u>講解</u>自己地方<u>優秀</u>的文化與傳統. 如果觀光導遊給觀光客講解淸楚自己<u>傳統文化</u>, 因此觀光客對該國的文化<u>深感興趣</u>而<u>再次訪問</u>的話, 這觀光導遊<u>所作所爲</u>的效果, 比任何政府觀光局<u>官員</u>所作的文件上的宣傳效果要大. 因爲觀光客透過觀光導遊詳細的介紹講解與<u>親身體驗</u>, 十分直接地<u>接受</u>到該國文化的實際情形, 這效果遠勝於政府有關公務員所作的任何形式上的宣傳報告.

* 觀光勝地: 관광지
* 名勝古跡: 명승고적
* 講解: 해설하다. 설명하다.
* 優秀: 우수하다
* 傳統文化: 전통문화
* 該: 這의 뜻.
* 感興趣: 흥미를 갖다
* 深感興趣: 깊은 흥미를 얻다
* 再次: 재차, 다시
* 訪問: 방문하다
* 所作所爲: 한 바의 일
* 官員: 관리, 공무원
* 親身體驗: 눈으로 직접 보다
* 接受: 받아들이다, 접수

6. 제주도

■ 한국어

제주도는 우리나라 최남단에 위치한 제일 큰 타원형 모양의 섬으로 중앙에는 한라산(漢拏山)이라고 하는 남한에서 제일 높은 산이 있다. 기후가 온화하고 풍경이 아름다우며 주민들은 어농업(漁農業)을 겸하고 있다.

제주도는 옛날에 탐라국이라고 불러졌으며, 신라와 백제의 관할지에 속하였다. 고려시대의 제주도는 몽고군의 무력에 의한 고려침략에 대항하는 삼별초 의용군의 근거지가 되었다. 그들은 몽고의 군벌에 대항하여 그들과 몇 년의 전쟁을 치루었으나 결국 여몽 연합군에 의해 진압되었으며,

그 후 원나라 황제인 원세조가 여기에다 탐라총관부를 설치하면서 몽고의 직할지로 삼게 되었다.

나중에 원나라 사람들이 제주도에 목장을 설치하였는데, 이는 남송과 일본을 침략하기 위한 목마기지로 삼고자 함이었다. 현재 제주도에 말이 대단히 많은 것도 이런 역사적 배경 때문이라고 하겠다.

옛날의 제주도는 전라남도의 한 군에 속했지만 1946년에 이르러 독립된 한 도로 승급되었으며, 또 2006년에 이르러서는 제주특별자치도로 승급되었다. 현재 제주도는 한국관광지 가운데 세계인들 특히 중국인들이 가장 좋아하는 장소 중의 하나가 되었다.

■ 중국어로 말하기

濟州道是韓國最南邊最大的橢圓形島嶼. 其面積大約有1800平方米. 島嶼中央有南韓最高的山叫漢拏山. 該島氣候溫暖, 風景優美, 居民大都從事漁農業. 濟州道以前叫耽羅國, 先后所屬新羅與百濟的管轄之內. 高麗時代的濟州道是反抗蒙古軍用武力侵略高麗的三別抄義軍的根據地. 他們抵抗蒙古軍閥, 和他們打了多年的仗, 而終於被麗蒙聯合的軍隊鎭壓了. 然後元朝皇帝世祖在此地設置耽羅摠管府, 把它做爲蒙古的直轄地. 後來元人在濟州道設置了牧馬場, 作爲侵略南宋與日本的牧馬基地. 現在濟州道有這麽多馬是有這樣的歷史來源的. 以前的濟州道是屬於全羅南道的一郡, 不過1946年昇級爲一個獨立的道, 2006年又昇級爲濟州特別自治道. 現在濟州道就成爲了全世界的人特別是中國人最喜歡的韓國觀光名所之一.

＊ 最南邊: 최남단

* 橢圓形: 타원형
* 島嶼: 도서, 섬
* 面積: 면적
* 大約: 대략
* 平方米: 평방 미터
* 該: 이(這)
* 氣候溫暖: 기후가 온화하다
* 風景優美: 풍경이 아름답다
* 居民: 거주민
* 大都: 대개
* 從事: 종사하다
* 漁農業: 어농업
* 管轄: 관할(관할)
* 反抗: 반항(하다)
* 武力侵略: 무력침략
* 根據地: 근거지
* 抵抗: 저항(하다)
* 軍閥: 군벌
* 打仗: 전쟁하다
* 終於: 결국
* 聯合: 연합(하다)
* 鎭壓: 진압(하다)
* 然後: 연후에
* 設置: 설치하다
* 直轄地: 직할지
* 後來: 나중에
* 牧馬場: 목마장, 목장
* 基地: 기지
* 來源: 내력, 연원
* 屬於: ~에 속하다
* 昇級: 승급(하다)

* 獨立: 독립(하다)
* 自治道: 자치도
* 觀光名所: 관광명소

제주도의 상징 하루방

제주도의 말

7. 지원동기와 가이드 직업의 장래성

■ 한국어

저는 어릴 때부터 외국어 특히 중국어에 관심이 높아 중국어과에 입학하였습니다. 명랑하고 활동적인 성격인 저는 여행을 좋아하는 까닭으로 관광가이드란 직업에 관심을 갖게 되었습니다.

관광가이드란 직업은 앞으로 장래성이 높은 직업이라고 생각됩니다. 왜냐하면 지구촌시대가 개막되면서 세계는 하나가 되었고, 이제 사람들에게 있어 해외여행은 아주 손쉬운 일이 되어버렸습니다. 더구나 다문화시대가 열리면서 세상 사람들은 여러 나라의 문화에 대한 관심과 연구가 뜨거워졌기 때문입니다. 더욱이 중국어 관광통역 가이드의 장래는 더욱 밝다고 생각합니다. 왜냐하면 중국이 부강해지면서 수많은 중국의 중상층들은 가까운 나라인 한국을 방문하게 되었고, 해마다 한국을 방문하는 중국인들의 수는 늘어나는 실정이기 때문입니다.

■ 중국어로 말하기

我從小就喜歡學外國語, <u>尤其我對中國語特感興趣</u>, 所以就進入了中文系. 我的個性一向是非常<u>開朗活潑</u>, 也很喜歡旅遊, 因此我對觀光導遊產生了興趣. 我覺得觀光導遊這職業, 是將來很有希望的職業. 因爲現在的世界已經成爲一個<u>地球村時代</u>, 所以<u>對人們來講</u>海外旅行已經變成了<u>輕而易擧的</u>事情. <u>再加上</u>最近<u>講究</u>多文化, 這就讓人們對外國文化有着更深的關心與研究了.

尤其是中國語觀光導遊職業的重要性是更受矚目了. 因爲隨着中國經濟的突飛猛進的發展, 成千上萬的中國中産階層的人就開始出國旅遊, 訪問最近隣國韓國的中國游客的人數, 每年有着越來越多的趨勢.

* 尤其: 더구나(=再加上)
* 特: 특별히
* 感興趣: 흥미가 있다
* 開朗活潑: 명랑하고 활발하다
* 地球村時代: 지구촌시대
* 對人們來講: 사람들에게 있어
* 輕而易擧的: 손쉬운
* 講究: 중시여기다
* 受矚目: 주목(주의)을 끌다
* 隨着: ~함에 따라
* 突飛猛進的發展: 매우 빠른 성장발전
* 成千上萬的: 수천수만의, 많은 수의
* 中産階層: 중산계층
* 隣國: 이웃나라
* 越來越多: 갈수록 많아지다
* 趨勢: 추세

8. 박정희의 정치특징

■ 한국어

　박정희는 한국의 전임대통령으로 제5,6,7,8,9대 대통령을 역임하였다. 그는 이승만 대통령 당시 부패한 사회에 반기를 들고 일어난 이른바 4.19 혁명을 계기로 군사쿠데타를 일으켜 2년 7개월 간의 군정과 함께 정권을 장악하다가 1963년 대선에서 윤보선을 가까스로 누르고 정식으로 한국의 대통령으로 선출되어 제3공화국 시대를 열었다. 제3공화국과 함께 박정희 대통령이 가장 역점을 두고 추진한 사업은 경제개발과 한일국교정상화였다. 그는 18년 5개월 간의 집권 동안 한국의 경제를 거의 매년 10%를 넘다드는 고도성장을 일으켰으며, 그가 이룬 이 업적은 현재 한국이 경제대국으로 성장하는 큰 밑거름과 초석이 되었다. 그리고 그는 일본과의 국교를 정상화하면서 한편으론 일본과의 화해분위기를 조성하고 한편으론 그 대가로 일본으로부터 많은 차관을 받아내면서 국가경제발전에 도움을 얻고자 하였다. 그러나 말년에는 유신헌법을 제정하면서 독재정치로 나아가는 발판을 만들었고, 이를 반대하는 소위 민주인사들을 탄압하는 강압정치도 감행했다. 그 즈음 1979년 한 연회석상에서 자신의 최측근인 중앙정보부장 김재규가 쏜 총탄에 의해 결국 사망하게 된다.

■ 중국어로 말하기

　朴正熙是韓國的<u>前總統</u>, 他<u>就任</u>了第5,6,7,8,9代的韓國總統. 朴正熙在過去李承晚總統時期發生的<u>反政府示威</u>4.19革命時, <u>發動了政</u>

變, 掌握了2年7個月的政權. 然後在1963年的總統選擧時, 他險勝尹潽善, 正式當選爲韓國的總統, 開啓了第3共和國時代. 朴正熙總統在就任時期最重視的國政是經濟開發和韓日邦交的事情. 在他統治的18年5個月的期間, 他主導了韓國經濟每年增長率100分之10左右的高度增長, 這就奠定了現在韓國擠進世界十大經濟大國隊伍的基礎. 並且, 他通過韓日國交正常化政策, 一邊解除韓日兩國的舊恨, 建立了友好關係, 一邊借日本的援助, 做爲開動韓國經濟的原動力. 不過, 他執政末期强制通行維新法案, 樹立了一人獨裁的政治基石, 因此引起了海外民主人士的積極反抗示威, 所以他也施行了高壓政治. 正在那時候1979年, 在一個宴會上, 他被自己最信任的部下中央情報部長金載圭開槍打死了.

* 前總統: 전 대통령
* 總統: 대통령
* 就任: 취임하다
* 反政府示威: 반정부 시위(데모)
* 革命: 혁명
* 發動: 일으키다
* 政變: 쿠데타
* 掌握: 장악하다
* 政權: 정권
* 總統選擧: 대통령선거
* 險勝: 가까스로 이기다
* 當選爲: ~로 당선하다
* 開啓: 열다
* 經濟開發: 경제개발
* 邦交: 국교
* 主導: 주도하다
* 增長率: 성장률

* 高度增長: 고도성장
* 奠定: 다지다
* 基礎: 기초
* 擠進: 끼어들다
* 世界十大經濟大國: 세계 십대 경제대국
* 隊伍: 대열
* 政策: 정책
* 解除: 해소하다
* 舊恨: 좋지 않은 묵은 감정
* 建立: 건립하다, 세우다
* 友好關係: 우호관계
* 援助: 원조
* 做爲: ~로 삼다
* 開動: 움직이다
* 原動力: 원동력
* 執政: 집권(하다)
* 强制通行: 강제로 통과시켜 행하다
* 維新法案: 유신법안
* 樹立: 수립(하다)
* 獨裁: 독재
* 引起: 야기시키다
* 積極: 적극적
* 反抗示威: 반항시위
* 施行: 시행(하다)
* 高壓政治: 탄압정치
* 宴會席: 연회석
* 信任: 신임(하다)
* 部下: 부하
* 開槍打死: 총을 쏘아 죽이다

박정희 전대통령

9. 한국의 민족과 언어

■ 한국어

한국의 민족은 시베리아에서 이주한 북방계 기마민족이 주축이 되며, 그 외 중국대륙에서 이동한 한족계통과 동남아 남방에서 이주한 남방계통, 그리고 한반도에 원래부터 살고 있던 토착민으로 이뤄졌다고 볼 수 있을 것 같습니다. 한국인의 대부분은 아시아의 몽고계통 가운데 북방계의 특성들을 지니고 있습니다. 이를테면 비교적 흰 피부에 쌍꺼풀이 없는 작은 눈과 튀어나온 광대뼈 등이 바로 그 특징들이라고 할 수 있습니다.

한국의 언어인 한국어는 우랄 알타이 어족으로 몽고어나 만주어, 그리고 일본어 등과 같은 계통으로 알려져 있습니다.

■ 중국어로 말하기

韓國的民族是以從西伯利亞來的北方系統的騎馬民族爲主, 此外還有從中國大陸與東南亞來的漢族與東南亞系統, 除此之外, 當然還有韓半島的土著民族. 大部分的韓國人都有蒙古東北亞北方人種的特點, 譬如說, 他們有較白的皮膚, 單眼皮的細眼, 較高的顴骨等等.

韓國民族的語言系統是屬於烏拉爾阿爾泰語系, 是和蒙古語與滿族語以及日本語同等語系.

　　* 西伯利亞: 시베리아

* 騎馬民族: 기마민족
* 除此之外: 그 외에도
* 土著民族: 토착민
* 譬如說: 예를 들어 말하면
* 皮膚: 피부
* 單眼皮: 쌍꺼풀이 아닌 외겹의
* 細眼: 가는 눈
* 顴骨: 광대뼈
* 語言系統: 언어계통(語系)
* 烏拉爾阿爾泰語系: 우랄 알타이어 계통
* 蒙古語: 몽고어
* 滿族語: 만주어
* 同等: 동등한

한국의 국기 태극기

한국인의 얼굴(안동 하회탈)

10. 한국의 세계문화유산

■ 한국어

　한국은 1947년에 유네스코(UNESCO, 聯合國敎科文) 기구에 가입한 후에 1988년에는 '세계 문화 및 자연유산 보호협약'에 가입하였으며 현재 총 10여 곳의 세계문화유산과 기록유산, 인류 구전 및 무형유산걸작, 자연유산 등이 지정되어 있습니다.
　그 가운데 유네스코가 지정한 한국의 대표적인 세계문화유산을 소개하면 서울의 창덕궁과 종묘, 경기도 수원시의 수원화성, 경주의 석굴암, 불국사와 기타 경주역사유적지구, 경상남도 합천의 절 해인사의 팔만대장경, 전라도 고창과 화순 등지의 고인돌 유적, 조선왕릉 40기, 안동의 하회마을과 경주의 양동마을 등이 있답니다.

■ 중국어로 말하기

韓國早在1947年參加聯合國教科文(UNESCO)組織以後, 1988年也正式加入了世界文化與自然遺產保護協約, 現在有不少的該機構指定的世界文化遺產、記錄遺產、人類口傳與無形遺產傑作, 自然遺產等文化遺產項目.

其中最俱代表性的韓國的世界文化遺產是包括首爾的昌德宮和宗廟祠堂, 京畿道水原市的水原華城, 慶州的石窟庵和佛國寺以及慶州歷史遺蹟地區, 慶尚南道陝川的古寺叫海印寺的八萬大藏經, 全羅道高昌、和順等地的史前墓石牌坊(Dolmen), 朝鮮時代王陵40座, 慶尚北道安東和慶州的河回村與良洞村.

* 聯合國教科文(UNESCO): 유네스코
* 組織: 기구
* 參加(혹은 加入): 참가(가입)하다
* 自然遺產保護協約: 자연유산보호협약
* 機構: 기구, 단체, 組織과 같은 뜻
* 指定: 지정하다
* 記錄遺產: 기록 유산
* 人類口傳: 인류구전
* 無形遺產傑作: 무형유산걸작
* 自然遺產: 자연유산
* 項目: 항목
* 最俱代表性的: 가장 대표적인
* 包括: 포함하다
* 昌德宮: 창덕궁
* 宗廟祠堂: 종묘사당
* 京畿道: 경기도
* 水原華城: 수원의 화성성곽

* 石窟庵: 석굴암
* 佛國寺: 불국사
* 歷史遺蹟地區: 역사유적지구
* 古寺: 고찰
* 海印寺: 해인사
* 八萬大藏經: 팔만대장경
* 史前墓石牌坊: 고인돌
* 王陵: 왕릉
* 河回村: 안동의 하회마을
* 良洞村: 경주의 양동마을

서울 창덕궁 전경

해인사 팔만대장경

서울 종묘

수원 화성

경주 불국사

경주 석굴암

안동 하회마을

경주 양동마을

고인돌 유적지

11. 경주

■ 한국어

경주는 경상북도 동남부에 있는 도시명으로 한국의 고왕조 신라의 천년고도이며, 중국의 서안에 해당합니다. 경주는 도시 자체가 거대한 노천 박물관이라고 불릴 만큼 도처에 유적과 명승고적으로 넘쳐나 한국의 가장 대표적인 관광지라고 해도 전혀 과언이 아닙니다. 그런 까닭에 1995년에는 유네스코가 지정한 세계문화유산에 경주의 석굴암과 불국사가 일찍이 선정되었으며, 그 외에도 2000년도에는 경주지역의 산재된 유적지들이 "경주역사 유적지구"라는 명칭으로 다시 유네스코의 세계문화유산에 등록되기도 하였습니다.

경상도란 말의 첫머리가 경주의 경에서 나온 것처럼 경주는 경상도의 대표이자 한국의 가장 아름다운 관광지입니다. 도시 중심의 도처에 늘려진 왕릉인 커다란 고분군들은 도시의 각박함을 잊고 옛 정취를 느끼게 해주며, 옛 모습을 유지하고자 고층 건물을 규제하여 도시 전체가 아담한 기와집의 옛 운치를 유지하고 있어 매우 편안하고 고색창연한 느낌을 주고 있습니다. 그런 까닭으로 경주에는 다정하게 손을 잡고 여행하는 연인들이나 세계 각국에서 여행온 외국 관광객들로 언제나 넘쳐나 활기차고도 여유로운 관광지의 모습을 보여주고 있습니다.

■ 중국어로 말하기

慶州是位於慶尙北道東南部的城市, 是韓國的古王朝新羅的千年首府, 相當於中國的千年古都西安. 慶州因爲到處有歷史古跡與文化名勝, 一向被稱爲露天博物館, 可以說是韓國最有名的觀光勝地. 所以1995年聯合國教科文早就把慶州的石窟庵與佛國寺指定爲世界文化遺産, 除了這兩個地方以外, 慶州到處散見的歷史遺跡也在2000年被選爲世界文化遺産.

慶尙道的"慶"字源於"慶州"的"慶"字, 可見慶州不但是慶尙道的代表, 也是韓國最美麗的歷史文化觀光都市. 在慶州城市裏, 到處可以見到古新羅時代大約1000多年前的王陵墳墓群, 讓人忘懷現代都市生活的壓力與繁忙, 引人入到古代悠閑的情趣. 並且, 慶州市爲了保護維持古都的韻味, 嚴格管制高層建築的亂立, 以保持千年古都的舊貌與神韻. 所以在慶州經常看到手牽手的情人游客以及慕名而來的世界各地的觀光遊客, 帶給慶州無限的活力與悠閑的觀光勝地的面貌.

* 位於: ~에 위치하다
* 城市: 도시
* 首府: 수도
* 千年古都: 천년고도
* 歷史古跡: 역사 유적
* 文化名勝: 문화적 명승지
* 被稱爲: 불러지다
* 露天博物館: 노천박물관
* 可以說是: 가이 ~라고 할 만하다
* 觀光勝地: 관광명소
* 早就: 일찌감치
* 散見的: 흩어져있는
* 被選爲: ~로 선정되다
* 源於: ~에서 연원하다

* 可見: 가이 알 수 있다
* 代表: 대표(하다)
* 大約: 대략
* 墳墓: 분묘, 무덤
* 群: 무리
* 忘懷: 잊어버리다
* 壓力: 스트레스
* 繁忙: 번잡하고 바쁨
* 悠閑: 느긋하고 한가로움
* 情趣: 정취
* 保護維持: 보호하고 유지하다
* 韻味: 운치와 맛
* 嚴格管制: 엄격하게 관리 통제하다
* 高層建築: 고층건물
* 亂立: 난립(하다)
* 保持: 보호하여 유지하다
* 舊貌: 옛모습
* 神韻: 신운, 멋진 자태
* 經常: 늘상, 언제나
* 手牽手: 손을 맞잡다
* 情人: 연인
* 慕名而來: 유명한 이름을 듣고 모여들다
* 無限的: 무한한, 영원한
* 活力: 활력, 생기
* 面貌: 모습

경주 고분

경주의 석탑들

경주 첨성대 야경

12. 서울에 대해

■ 한국어

　서울은 한반도 중부지역의 한강 하류에 위치한 조선시대부터 지금에 이르기까지 줄곧 한국의 수도로 지정된 곳이다. 서울은 북한산, 도봉산, 인왕산, 관악산 등으로 둘러싸인 분지지역이다.
　조선시대의 서울은 한양 또는 한성으로도 불려졌으며, 그 후 일제시대에는 경성부로 불러지다가 1945년에 서울로 바뀌었다. 그리고 1946년에는 서울특별시로 승격되었다.

서울의 원래 한자명은 한성이었으므로 서울의 중국어명은 계속 한성으로 불러졌지만 최근 정부에서 한국어 사용을 장려한 까닭에 한성이란 이름 대신에 그것의 원래 한국어명인 서울로 대체시켰다.

서울은 줄곧 한국의 정치、경제、교육、문화의 중심으로서 경복궁、창덕궁、덕수궁 등의 고궁과 남산 등과 같은 풍부한 관광명소들을 지니고 있다.

다른 나라의 수도와 마찬가지로 서울의 인구밀도는 대단히 높다. 그 면적은 남한 총면적의 1%도 되지 못하지만 그 인구는 이미 천만명을 돌파하였으니, 한국 총인구의 사분지 일을 거의 차지하고 있다.

1994년 10월 28일은 서울 정도(定都) 600주년 기념일로 그 후 매년 10월 28일이 서울시민의 날로 지정되어 각종 기념행사들을 거행하고 있다. 현재의 서울은 세계적인 국제 대도시로서 1998년의 올림픽과 2010년과 2012년의 각종 세계정상회담과 같은 중요한 활동들이 열린 적이 있다.

■ 중국어로 말하기

首爾是位於韓半島中部地區、漢江下游的從朝鮮時代開始一直到現在的我國的首都. 首爾算是被北韓山、道峰山、仁王山、冠岳山等衆山**包圍**的**盆地**. 朝鮮時代的首爾, 也叫做漢陽或漢城, 之後在日據時代, 首爾又被稱爲京城府, 然後在1945年改爲首爾, 1946年昇級爲首爾特別市.

因爲首爾原來的的漢文名是漢城, 所以它的中文名一直叫做漢城, 不過最近政府**鼓勵**使用韓國語, 就以它原來的韓語發音首爾來**代替**了漢城.

首爾一直是韓國政治、經濟、教育、文化的中心, **擁有**景福宮、昌德宮、德壽宮等故宮與南山等豐富的觀光景點.
　跟其他國家的首都一樣, 首爾的人口密度非常大, 其面積不到南韓總面積的百分之一, 但是其人口已經超過一千萬以上, 幾乎占韓國總人口的四分之一.
　1994年10月28日是首爾定都600周年記念日, 之後每年10月28日是指定爲首爾市民之日, 舉行各種記念活動. 現在的首爾可以說是世界聞名的國際大都市, 舉辦過1988年國際奧運會、2010與2012年的各種世界高峰會議等重要活動.

* 包圍: 포위(하다), 둘러싸다
* 盆地: 분지
* 鼓勵: 장려(하다)
* 代替: 대체하다
* 擁有: 보유하다
* 豐富的: 풍부한
* 人口密度: 인구밀도
* 面積: 면적
* 超過: 초과하다
* 幾乎: 거의
* 占: 차지하다
* 定都: 도읍을 정하다
* 世界聞名的: 세계적으로 유명한
* 舉辦: 열다, 거행하다
* 國際奧運會: 국제올림픽대회
* 高峰會議: 정상회담

서울 남대문 야경

서울의 고궁

서울의 광장

13. 한국에서의 유교사상에 대해

■ 한국어

한국인이 언제 유교를 받아들였는지는 자료의 부족으로 그 정확한 연대는 알 수가 없다. 그러나 학계가 모두 공인하는 점은 정식으로 유교사상을 수용한 것은 대략 삼국시대 이후로 여겨진다. 그 가운데 고구려가 중국에 가장 가까워 가장 먼저 유교와 같은 중국문화를 받아들였으며, 그 후 백제와 신라가 이어서 유교의 제도와 사상을 받아들여 정치와 도덕의 주요 이념으로 삼았다.

그 후 고려시대에는 유불도를 모두 중시하였지만 최승로와 최충 등과 같은 유명한 유신들의 영향으로 유교경전과 유교의 정치사상에 대한 관심이 높았다. 특히 고려 말의 안향은 원나라를 통해 정주이학을 본격적으로 받아들여 이로부터 이색, 정몽주, 길재 등과 같은 많은 주자학자들이 탄생하게 되면서 그 이후 조선왕조가 유교를 시대를 이끌어가는 이념으로 받아들이는 유교입국에 중추적 역할을 하게 되었다.

그 후 유교는 조선시대에 와서 전성기를 맞이하였다. 정치·경제·사회·문화 등 각 방면에 걸쳐 유교의 영향이 미치지 않은 곳이 없었고, 세종 때 유교문화가 꽃을 피운 이래 성종 때에 이르러서는 문물제도가 정비되었다. 특히 조선의 유학자 이황·이이 등 여러 학자들이 성리학을 연찬한 뒤 유교철학은 고도로 발달하여 국내적으로 전성시대를 이루었을 뿐 아니라 국외적으로도 영향을 미친 바가 크다. 특히 이황의 학설은 야마사키 안사이[山崎闇齋]를 비롯한 일본 주자학파에 커다란 영향을 주어 일본 문화 발전에 기여했다.

그러나 부정적인 면은 15세기 말엽부터 영남의 사림파(士林派)가 정계에 진출한 이래 훈구파와 대립하여 소위 사대사화(四大士禍)라는 당파싸움이 일어나 조선시대 사회가 극도로 불안한 국면을 초래하였다. 이어 17세기 후반부터는 알맹이 없이 서로 헐뜯는 학설로 전락한 이기심성론(理氣心性論)과 예론(禮論)의 대립을 지양하고 원시유교의 근본정신에 입각, 경세치용(經世致用)·이용후생(利用厚生)·실사구시 등을 부르짖는 실학사상이 대두하여 박제가(朴齋家)·정약용(丁若鏞) 등이 영·정조시대를 전후로 활발히 활동하였다.

그러나 19세기에 접어들면서 세도정치가 시작되어 실학파의 활동이 부진해지자 다시 성리학이 세력을 만회하였다. 그 뒤 서학(西學) 세력이 날로 심각해지면서 위정척사사상(衛正斥邪思想)이 대두하여 외국사상과 외국문물에 대한 배격운동이 전개되었으나, 그 수구운동(守舊運動)은 실효를 거두지 못하였고 오히려 근세 개화혁신에 장애가 되는 측면이 많았다. 그 원인은 조선 말엽의 유교계가 대부분 국제정세에 어둡고 유교의 유신정신(維新精神)을 망각한 채 수구만을 고집했기 때문이다.

■ 중국어로 말하기

韓國人何時接受儒教, 因爲缺乏資料而無法確定其準確年代. 但學術界都公認韓國人正式接受儒教思想, 是大概從韓國的三國時代開始. 其中高句麗離中國最近, 所以它最先開始吸收儒教等中國文化, 然後百濟與新羅先後採納儒教制度與思想做爲政治道德的主要理念.

到了高麗時代, 國家均重儒佛道三教, 不過崔承老、崔沖等傑出的儒臣極力推行儒教的經典教育和政治制度改革. 還有, 高麗時代末期的安珦, 從中國的元朝正式引進程朱理學, 在韓國的儒學發展史上起了很大的作用, 從此以後出現了李穡、鄭夢周、吉再等不少傑出的儒學家.

韓國的儒教, 到了朝鮮時代, 有極盛的局面. 政治、經濟、社會、文化等社會每一角落, 無處沒有受到儒教影響的地方. 尤其是世宗和成宗大王的時候, 韓國的儒教文化達到全盛時期. 然後, 到了16世紀的時候, 就出現了李滉、李珥等傑出的儒學大家, 推動了朝鮮時代的儒學到登峯造極的局面. 尤其是李退溪的學說不但影響了韓國的儒學思想, 也對日本朱子學的的發展起了很大的積極作用.

不過, 其否定的一面就是從15世紀末葉開始, 韓國慶尙道嶺南地區的士林派儒教門派進入政界以後, 與舊有的勳舊派發生衝突, 産生了所謂"四大士禍"的<u>黨派之爭</u>, <u>引起</u>了朝鮮時代社會<u>極度不安的狀態</u>.

接着, 到17世紀後期, 韓國的儒學反對互相爭論的所謂"理氣心性"的論爭, <u>追求採納</u><u>經世致用</u>與<u>利用厚生</u>的所謂"<u>實事求是</u>"的<u>實學派</u>思想, 英祖、正祖大王時代的朴齋家與丁若鏞就是實學派的<u>皎皎者</u>.

不過, 韓國<u>面臨</u>19世紀時, 由於一些貴族階層的政治<u>壟斷</u>, 實學派儒學的勢力<u>不振</u>, 因此性理學的舊派又<u>恢復</u>其勢力. 他們反對<u>開放門戶</u>, <u>排擊輸入外國文化</u>, 成爲<u>開化派進步勢力革新</u>社會國家的很大的<u>障碍</u>.

<u>總而言之</u>, 朝鮮時代末期的儒學界<u>過於保守</u>, 沒有<u>看淸</u>當時的<u>國際情勢</u>, 他們再也沒有<u>原始儒敎原有的通變</u>與維新的<u>進取精神</u>與<u>應變能力</u>了.

   * 何時: 언제
   * 儒敎: 유교
   * 缺乏資料: 자료부족
   * 無法確定: 확정할 수 없다
   * 準確年代: 정확한 연대
   * 公認: 공인하가
   * 正式: 본격적으로, 정식으로
   * 吸收: 받아들이다
   * 採納: 받아들이다
   * 極力推行: 적극적으로 추진하다
   * 經典敎育: 경전교육
   * 制度改革: 제도개혁
   * 引進: 들여오다, 받아들이다
   * 傑出的: 걸출한
   * 極盛: 지극히 성하다
   * 每一角落: 모든 구석마다
   * 無處沒有: 어디에도 ~가 없는 곳이 없다

* 全盛時期: 전성시기
* 推動: 밀다, 추진시키다
* 登峰造極: 최고점에 도달하다
* 積極作用: 적극적인 작용
* 否定的: 부정적
* 舊有的: 예부터 있는
* 發生衝突: 충돌이 발생하다
* 黨派之爭: 당파싸움
* 引起: 야기시키다
* 極度不安: 극도의 불안
* 狀態: 상태
* 經世致用: 경세치용
* 利用厚生: 이용후생
* 實事求是: 실사구시
* 實學派: 실학파
* 皎皎者: 뛰어난 사람
* 面臨: 임하다
* 壟斷: 농단(하다)
* 不振: 부진(하다)
* 恢復: 회복(하다)
* 開放門戶: 문호개방(하다)
* 排擊: 배격(하다)
* 輸入: 수입하다
* 外國文化: 외국문화
* 開化派: 개화파
* 進步勢力: 진보세력
* 革新: 혁신(하다)
* 障碍: 장애물
* 總而言之: 종합적으로 말하면
* 過於: 지나치게 ~하다
* 保守: 보수적인

* 看淸: 정확히 보다
* 國際情勢: 정제정세
* 原始儒敎: 원시유교
* 應有的: 마땅히 있던
* 通變: 변통하다, 변화에 응하다
* 變通能力: 변통능력
* 進取精神: 진취적인 정신

이황(李滉)

이이(李珥)

도산서원 퇴계 이황의 춘계 향사

14. 고려청자에 대하여

■ 한국어

청자는 처음 중국 송나라의 영향을 받아 만들기 시작했다. 중국인들은 푸른 옥(玉)을 갖고 싶어 했는데, 너무 귀하고 비싸서 하는 수 없이 흙으로 옥을 만든 것이 바로 청자였다고 한다. 그런데 몽골의 침입으로 전쟁을 하느라 중국과의 교류가 어려워진 고려인들이 고려 청자를 독자적으로 개발하게 되었다.

송대(宋代)의 《고려도경高麗圖經》과 《수중금袖中錦》에 기록된 바에 의하면 고려청자는 중국에서도 절찬을 받았다고 전한다. 또한 청자에 문양을 상감하는 독창적인 상감청자(象嵌靑磁)는 더욱 인기가 높았다. 청자의 아름다움에 홀딱 반한 송나라 사신은 '고려의 비색은 천하 제일'이라고 하기도 했다고 한다. 송나라에서 배웠지만 송나라보다 훨씬 아름답게 재탄생한 것이다. 결국 고려청자의 푸른 빛은 흙과 불을 다루는 고려인들의 뛰어난 솜씨에서 이루어진 것이라고 할 수 있다. 하지만 이렇게 어렵게 만든 청자는 당연히 귀족들의 몫이었고, 일반 백성들이 청자를 생활용품으로 사용하는 건 상상도 하기 힘들었다고 한다.

康津은 고려 시대에 188개나 되는 가마가 있어서 400여 년 동안 청자를 만들던 대표적인 곳이다. 한국의 청자는 중국 고월자의 영향과 지배층의 수요로 인해 9세기 후반~10세기 때부터 전남 강진의 요(窯)에서 제작되었다. 강진은 질 좋은 흙이 풍부하고, 기온과 강수량이 알맞아 도자기 기술이 더욱 발달할 수 있었던 것이다. 그리고 이곳 바닷가에서 만들어진 청자는 배에 실려 개경이나 중국으로 운반되었다.

■ 중국어로 말하기

　　高麗青瓷的誕生受到中國宋朝的影響. 中國人一向愛好翠玉, 不過它太貴, 不是人人都可以得到, 所以中國人就想到用泥土製造翠玉, 這就是青瓷誕生的背景. 然後, 蒙古人入主中原, 當時高麗王朝不易跟宋朝交流就開始獨自開發了青瓷的製造.

　　對於青瓷的美, 據宋代的《高麗圖經》和《袖中錦》的記錄, 當時的中國人也非常讚美. 尤其是青瓷上面作象嵌紋樣的象嵌青瓷是高麗人獨創的東西, 是更受歡迎的. 當時宋朝的使節看到高麗青瓷就說, 高麗的翡翠顏色是天下第一. 高麗青瓷的顏色雖是跟宋朝學的, 不過可以說是已經到了青出於藍而勝於藍的地步. 高麗青瓷美麗翡翠色是誕生於操作泥土與火力的高麗匠人的高度技術. 不過這樣精心製作的青瓷, 都是貴族人們的專用品, 而不是一般老百姓隨便可以使用的.

　　全羅南道康津是高麗青瓷最主要的產地之一, 那裏有維持400多年之久的生產高麗青瓷的188個瓷窯. 康津因為有豐富的高質量泥土和適當的氣溫與雨水, 所以生產陶瓷的技術就特別發達. 康津生產的青瓷用品以船運的方式運輸到當時高麗首都開京或宋朝.

* 高麗青瓷: 고려청자
* 一向愛好: 쭉(언제나) 좋아하고 있다.
* 翠玉: 비취옥(翡翠)
* 泥土: 진흙
* 蒙古: 몽고
* 入主中原: 중원을 쳐들어와 주인노릇을 하다.(즉 중국을 차지하다.)
* 不易: 쉽지 않다.
* 獨自開發: 독자개발하다.

* 讚美: 찬미하다.
* 紋樣: 무늬
* 象嵌靑瓷: 상감청자
* 獨創: 독창적으로 창조해내다.
* 使節: 사절, 사신
* 天下第一: 천하제일
* 到了 ~的地步: ~의 경지에 이르다.
* 靑出於藍而勝於藍: 청출어람, 푸른색은 남색에서 나왔으나 남색보다 더 푸르다. 즉 제자나 뒤에 배운 자가 원래의 스승이나 전수자를 능가하게 됨을 비유함.
* 操作: 다루다(조작하다). 조절하다
* 匠人: 장인
* 精心製作: 열심히 정교하게 제작하다.
* 專用品: 전용품, 전리품(專利品)
* 産地: 생산지
* 維持 ~之久: ~ 동안이나 오래 유지되다.
* 瓷窯: 자기 가마
* 高質量: 고품질(의)
* 雨水: 강수
* 船運: 선적운반, 선적으로 운송하다.
* 運輸: 운반하여 보내다.

고려청자 투각 칠보무늬 향로

송대 청자

15. 김치에 대하여

■ 한국어

김치는 한국의 대표적인 채소 발효 식품으로 무, 배추, 오이, 열무 등의 채소를 저농도의 소금에 절인 다음에 시간이 좀 흐른 후에 그것을 건져내 물기를 짠 다음, 고추, 파, 마늘, 생강, 젓갈 등의 양념, 젓갈 등과 혼합하여 저온에서 발효시켜서 먹는 식품으로 한국인의 식탁에서 언제나 빼놓을 수 없는 음식 중의 하나이다.

한국 민족들은 예로부터 수분이 많은 채소를 오래 저장하기 위한 수단으로 여러 가지 방법을 고안하였다. 여기에서 채소를 소금으로 절여 여러 가지 양념에 섞어 먹는 방법이 개발되었고 이것이 오늘날의 김치가 되었다.

김치는 여러 종류의 식재료를 이용하여 만든 발효식품으로 각종 무기질과 비타민이 풍부해 영양학적으로 우수하다. 젖산균에 의해 정장작용을 하고 소화를 도와주며, 식욕을 증진시키는 역할을 한다. 특히 김장 김치는 채소가 부족한 겨울철에 비타민의 좋은 공급원이 된다.

■ 중국어로 말하기

泡菜是最有代表性的韓國傳統的蔬菜醱酵食品, 它是在韓國人的餐桌上總是少不了的飮食之一. 泡菜的製作過程是先把蘿蔔, 大白菜, 黃瓜, 小蘿蔔等蔬菜泡在底濃度的鹽水裏, 然後過了一段時間就把它取出來擰出水分, 與辣椒, 蔥, 大蒜, 生薑, 魚醬涼拌而成.

韓國民族自古以來就<u>想方設法</u>把水分豐富的蔬菜長時間<u>貯存</u>，從此開發出<u>用鹽腌蔬菜</u>，然後把它與各種<u>佐料</u>涼拌而吃的方法．這就是泡菜誕生的背景．

　　泡菜是包含各種材料的醱酵食品，有各種<u>無機物</u>與豐富的<u>維生素</u>，算是非常有營養的東西．　它裏面的<u>乳酸菌</u>有<u>幫助消化</u>與<u>整腸</u>的作用，也<u>增進食慾</u>．尤其<u>過冬泡菜</u>是缺少蔬菜的冬季時的維生素的<u>良好來源</u>．

* 泡菜: 김치
* 蔬菜: 채소
* 醱酵食品: 발효식품
* 餐卓: 식탁
* 蘿蔔: 무
* 大白菜: 배추
* 黃瓜: 오이
* 小蘿蔔: 열무
* 泡: 담그다
* 鹽水: 소금물
* 擰出水分: 물기를 짜내다
* 辣椒: 고추
* 蔥: 파
* 大蒜: 마늘
* 生薑: 생강
* 魚醬: 젓갈
* 涼拌: 무치다
* 想方設法: 온갖 궁리를 하다.
* 貯存: 저장하다
* 腌蔬菜: 채소를 절이다
* 用鹽腌蔬菜: 소금으로 채소를 절이다
* 佐料: 양념

* 無機物: 무기질
* 維生素: 비타민
* 乳酸菌: 유산균
* 幫助消化: 소화를 돕다
* 整腸作用: 정장작용, 즉 장을 청소하는 작용
* 增進食慾: 식욕을 증진하다
* 過冬泡菜: 김장김치(혹은 越冬泡菜)
* 良好來源: 좋은 공급원

배추 김치

열무 김치

나박 김치

(一) 우리말 속담 100 가지 중국어 표현법

1. 가다 말면 아니 가느니만 못하다.
    (一不做, 二不休)

2. 가루는 칠수록 고와지고, 말은 할수록 거칠어진다.
    (言多必敗)

3. 가지 많은 나무 바람 잘 날 없다.
    (樹大招風)

4. 강물도 쓰면 준다.
    (坐吃山空, 立吃地陷)

5. 개도 나갈 구멍을 보고 쫓는다.
    (猫急上樹, 狗急跳墻)

6. 개눈에는 똥만 보인다.
    (狗眼看人低)

7. 개살구도 맛 들일 탓
   (習慣成自然)

8. 개살구 지레 터진다.
   (笨人先起身, 笨鳥早出林)

9. 개천에서 용 난다.(혹은 개똥밭에서 인물 난다.)
   (深山出俊鳥)

10. 계란으로 바위 치기
    (鷄蛋碰不過石頭)

11. 고기도 저 놀던 물이 좋다.
    (長安雖好, 不是久戀之家 혹은 梁園雖好, 不是久戀之家)

12. 고생 끝에 낙이 온다.
    (苦盡甘來 혹은 吃得苦中苦, 方爲人上人)

13. 꼬리가 길면 밟힌다.
    (睡多了夢長)

14. 구더기 무서워 장 못 담그랴.
    (想治瘡不能怕挖肉)

15. 구슬이 서말이라도 꿰어야 보배다.
    (天上的仙鶴, 比不上手裏的麻雀)

16. 귀신도 착한 사람을 깔본다.(혹은 개도 무는 개를 돌아본다.)
    (人善被人欺, 馬善被人騎)

17. 그 아버지에 그 아들이다.
    (有其父必有其子)

18. 금강산도 식후경이다.

(朝廷也不使餓兵)

19. 급하기는 우물에 가 숭늉 달라겠다.
    (熱飯不能熱食)

20. 긴 병에 효자 없다.
    (久病無孝子)

21. 김 안 나는 숭늉이 더 뜨겁다.
    (咬人的狗不露牙 혹은 咬人狗, 不露齒.)

22. 남아일언 중천금이라.
    (一言已定, 千金不移 혹은 一言旣出, 駟馬難追)

23. 낫 놓고 기억 자도 모른다.
    (目不識丁)

24. 낮 말은 새가 듣고, 밤 말은 쥐가 듣는다.
    (路上說話, 草裏有人)

25. 누이 좋고 매부 좋다.
    (兩全其美)

26. 달도 차면 기운다.
    (盛筵必散 혹은 天下沒有不散的筵席)

27. 도둑이 제 발 저리다.
    (賊人心虛 혹은 做賊心虛)

28. 돈만 있으면 귀신도 부린다. 혹은 돈이면 귀신도 잡는다.
    (有錢能使鬼推磨 혹은 錢可通神)

29. 똥(방귀)낀 놈이 화낸다.
    (惡人先告狀)

30. 뒤에 나온 뿔이 더 크다.
    (長江後浪推前浪, 一輩新人趕舊人)

31. 등잔밑이 어둡다.
    (當局者迷, 傍觀者淸)

32. 뛰는 놈 위에 나는 놈 있다. 혹은 기는 놈 위에 나는 놈 있다.
    (天外有天, 人外有人 혹은 人外有人, 天外有天, 强中更有强中手,莫向人前夸大口 强中還有强中手,能人背後有能人)

33. 뜻이 있는 곳에 길이 있다.
    (有志者, 事竟成)

34. 마음의 병은 약도 없다.
    (心病從來無藥醫)

35. 먼저 잡는 놈이 임자다.
    (先下手爲强, 後下手遭殃)

36. 먼 친척 이웃만 못하다.
    (遠親不如近鄰)

37. 매가 보약이다.
    (棒頭出孝子)

38. 매사는 시작이 어렵다.
    (萬事開頭(起頭)難)

39. 모르는 게 약이다. 혹은 안 보는게 약이다.
    (眼不見爲淨 혹은 眼不見, 心不煩)

40. 모기 보고 칼 빼기
    (殺鷄焉用牛刀)

41. 미꾸라지 하나가 우물을 흐려놓는다.
    (一個老鼠壞了一鍋湯)

42. 발 없는 말이 천리를 간다.
    (人嘴(口)快如風)

43. 벽에도 귀가 있다.
    (墻有縫, 壁有耳 혹은 天有眼, 墻有耳 혹은 隔墻須有耳, 窓外豈無人)

44. 백번 듣는 것이 한 번 보는 것만 못하다.
    (百聞不如一見)

45. 백지장도 맞들면 낫다.
    (一人計短, 衆人計長 혹은 一人看一步, 十人看百里 혹은 一人不過二人智 혹은 人多力量大, 柴多火焰高)

46. 부부 싸움은 칼로 물 베기다.
    (夫妻是打罵不開的)

47. 부자는 망해도 삼년은 간다.
    (富了貧, 還穿三年綾 혹은 百足之蟲, 死而不僵)

48. 빈 깡통이 요란하다.
    (整瓶不搖半瓶搖)

49. 사공이 많으면 배가 산으로 올라간다.
    (艄公多了打爛船)

50. 사람 위에 사람 없고 사람 밑에 사람없다.
    (將相本無種, 男兒當自强)

51. 사흘 굶어 도둑질 안할 놈 없다.
    (飽暖思淫慾, 饑寒起盜心)

52. 삼십육계에 줄행장이 제일이다.
    (三十六計, 走爲上計)

53. 싼게 비지떡이다.
    (一分行情一分貨 혹은 一分錢, 一分貨)

54. 세 살 버릇 여든 간다.
    (偸食猫性不改)

55. 소경이 개천 나무란다. 혹은 잘되면 내탓, 못되면 조상탓
    (臉醜怪不着鏡子)

56. 손바닥도 마주쳐야 소리난다.
    (一個巴掌拍不響)

57. 쉽게 번 돈 쉽게 나간다.
    (容易得來容易捨)

58. 시간이 금이다.
    (時間就是金子 혹은 一寸光陰一寸金, 寸金難買寸光陰)

59. 시작이 반이다.
    (開始是成功的一半.)

60. 시장이 반찬이다.
    (飢不擇食, 寒不擇衣, 慌不擇路, 貧不擇妻 혹은 飢者易爲食, 寒者易爲衣)

61. 실패는 성공의 어머니다.
    (失敗是成功之母)

62. 어른 말을 들으면 자다가도 떡이 생긴다.
    (不聽老人言, 吃虧在眼前)

63. 어려울 때 친구가 진짜 친구다.
    (一貴一賤, 交情乃見 혹은 一死一生, 乃見交情)

64. 엎지러진 물이다.
    (潑水難收, 人逝不返)

65. 예쁜 계집 얼굴값한다.
    (美女累其夫)

66. 옥에도 티가 있다.
    (事難兩全)

67. 웃는 낯에 침 안 뱉는다.
    (嚴婆不打笑臉 혹은 伸手不打笑臉人 혹은 恨棒不打笑面人)

68. 의복이 날개다.
    (三分人才七分打扮 혹은 佛是金裝, 人是衣裝)

69. 아니 땐 굴뚝에 연기나랴.
    (無風不起浪)

70. 열길 물속은 알아도 한길 사람 속은 모른다.
    (畫虎畫皮難畫骨, 知人知面不知心 혹은 人心難測, 海水難量 혹은 人心隔肚皮 혹은 海水可量, 人不可量)

71. 원수는 외나무 다리에서 만난다.
    (不是冤家不聚頭 혹은 冤家路窄)

72. 윗물이 맑아야 아랫물도 맑다.
    (上梁不正下梁歪)

73. 원숭이도 나무에서 떨어질 때가 있다.
    (智者千慮, 必有一失)

74. 자식도 품 안에 있을 때가 자식이다.
    (兒大不由爹, 女大不由娘)

75. 제 꾀에 제가 넘어간다.
    (聰明反被聰明誤)

76. 자라보고 놀란 가슴 솥뚜껑 보고 놀란다. 혹은 국에 덴 놈 물 보고도 분다.
    (一年被蛇咬, 三年怕草繩 혹은 見過鬼怕黑 혹은 長蟲咬一嘴, 十年怕井繩)

77. 제 눈에 안경이다.
    (情人眼裏(內)出西施)

78. 제 버릇 개 주랴.
    (狗改不了吃屎 혹은 狼改不了吃人 혹은 江山易改, 本性難移)

79. 좋은 약은 입에 쓰고, 충언은 귀에 거슬린다.
    (良藥苦口利於病, 忠言逆耳利於行)

80. 지렁이도 밟으면 꿈틀한다.
    (兔子急了也要咬人)

81. 집안이 화목하면 만사가 순조롭다.
    (家和萬事興)

82. 착한 일을 하면 복을 받는다.
    (好心總有好報 혹은 善有善報, 惡有惡報)

83. 참는 자에게는 복이 온다.
    (事不三思終有悔, 人能百忍自無憂. 혹은 忍得一時忿, 終身無惱悶)

84. 참새가 작아도 알만 잘 낳는다.
    (麻雀雖小, 五臟俱全)

85. 첫 술에 배부르랴. 혹은 천리길도 한걸음부터
    (胖子不是一口吃的.)

86. 친구는 옛친구가 좋고, 옷은 새옷이 좋다.
    (衣不如新, 人不如舊)

87. 콩 심은데 콩 나고 팥 심은데 팥 난다.
    (種瓜得瓜, 種豆得豆)

88. 털어서 먼지 안 나는 사람 없다.
    (誰家鍋底沒有黑)

89. 티끌 모아 태산이다.
    (聚少成多, 滴水成河)

90. 팔이 안으로 굽는다. 혹은 가제는 게 편이다.
    (胳膊折了往袖子裏藏)

91. 하룻밤을 자도 만리장성을 쌓는다.
    (一日夫妻百日恩 혹은 一夜夫妻百夜恩)

92. 헤엄 잘 치는 놈 물에 빠져 죽고, 나무 잘 오르는 놈 나무에서 떨어져 죽는다.
    (慣騎馬的慣跌脚, 河裏淹死是會水的.)

93. 호랑이도 제 말하면 온다.
    (說曹操, 曹操就到.)

94. 호랑이는 죽으면 가죽을 남기고, 사람은 죽으면 이름을 남긴다.
    (虎死留皮, 人死留名)

95. 호랑이 굴에 가야 호랑이 새끼를 잡는다. 혹은 산에 가야 범을 잡는다.
    (不入虎穴, 焉得虎子)

96. 하늘은 스스로 돕는 자를 돕는다.
   (皇天不負苦心人)

97. 하늘이 무너져도 솟아날 구멍이 있다.
   (天無絶人之路. 혹은 天塌了地接着)

98. 하루 강아지 범 무서운 줄 모른다.
   (初生之犢不畏虎)

99. 한번 해병은 영원한 해병이다.
   (一日爲海軍陸戰隊, 終身爲海軍陸戰隊)

100. 한술 밥에 배 부르랴.
   (飯得一口一口地吃, 路得一步一步地走 혹은 胖子不是一口吃的)

(二) 상용 관용구어

A

【愛面子】 체면을 중시하다. 체면을 중시하다. 체면을 중시하다. 체면을 중시하다.
　예 他是個很愛面子的人, 你最好不要傷他的自尊心.
　　- 그는 매우 체면을 중시하는 사람이니, 그의 자존심을 상하지 않게 하는 것이 상책입니다.

【碍面子】 남의 입장(혹은 체면)을 고려하여 무슨 일을 꺼리다.
　예 大概是碍着我的面子, 他沒好意思直說.
　　- 아마도 나의 입장(혹은 체면)을 고려한 때문인지, 그는 차마 직선적으로 얘기를 하지 못하였다.

【碍事】 일을 방해하다. 혹은 사태가 심각하다.
　예1 你在這兒帮不上忙, 反而碍事.
　　- 당신이 여기에 있으면 도움이 되지 않고, 오히려 일에 방해가 됩니다.
　예2 我看他的病不碍事.
　　- 내가 보기에는 그의 병은 심하지가 않습니다.

【碍手碍脚】 남의 행동에 방해가 되다.
　예 這孩子站在這兒挺碍手碍脚的, 快把他帶走吧.
　　- 이 애가 여기에 서 있으니 매우 일에 방해가 되니, 어서 애를 데려가세요.

【碍眼】 보기에 거슬리다. (= 不順眼) 혹은 누군가가 옆에 있어 불편하다.
> 예1 墙上掛着的那張舊海報怪碍眼的, 快拿下來吧.
> - 벽에 걸린 그 낡은 벽보가 보기에 매우 거슬리니 어서 떼어 내세요.
>
> 예2 我在這裏是不是碍你們的眼?
> - 내가 여기에 있어 당신들이 불편함을 느끼지는 않는지요?

B

【八股兒】 판에 박히고 내용보다 형식에 치우친 분위기의 문장이나 작품들.
> 예 這篇文章八股兒味兒十足.
> - 이 문장은 너무나 판에 박히고 형식적인 냄새가 난다.

【巴巴兒的】 조급한 행동이나 심정
> 예 我巴巴兒的等了你一整天也沒見到你的影子.
> - 나는 당신을 조급히 하루 종일 기다렸으나 당신의 그림자도 보지 못했어요.

【拔尖兒】 매우 우수한
> 예 他在我們班裏算得上是個拔尖兒的好學生.
> - 그는 우리 반에서 매우 우수한 좋은 학생에 속합니다.

【把柄】 남의 공격의 소지가 되다.
> 예 做事可要考慮周全, 別讓人家抓住你的把柄.
> - 일을 할 때는 두루 두루 고려를 하여, 남에게 덜미를 잡히지 않도록 해야 한다.

【把戲】 어설픈 장난질
> 예 你這套把戲騙得了誰?

- 너의 그 어설픈 수작에 그 누가 속아 넘어가겠어?

【白眼】 경멸
　　예 小保姆受不了主人的白眼, 決定不干了.
　　　- 어린 보모는 주인의 경멸을 참지 못해 일을 그만두기로 결정하였다.

【擺架子】 뽐내며 으시대다.
　　예 這人眞能擺架子, 請了三遍都請不來.
　　　- 이 사람은 정말 으시대군, 세 번이나 청해도 청할 수가 없으니!

【板着臉(面孔)】 엄숙하고 차가운 표정을 짓다.
　　예 那人成天板着臉, 好像誰欠他錢似的.
　　　- 저 사람은 늘 엄숙하고 차가운 얼굴을 하고 있는 것이 아마도 누가 그의 돈을 갚지 않은 것 같아.

【半生不熟】 덜 익다. 혹은 기능이 숙련되지 못하다.
　　예1 這豬肉烤得半生不熟的, 怎麼吃啊?
　　　- 이 돼지고기는 아직 덜 구웠는데, 어떻게 먹어?
　　예2 這老外說着一口半生不熟的中國話.
　　　- 이 외국사람은 아직 덜 숙련된 중국어를 구사하고 있읍니다.

【拌嘴】 입싸움
　　예 我跟他拌了幾句嘴, 他就氣走了.
　　　- 나는 그와 몇 마디 입씨름을 하였고, 그는 화가 나서 가버렸다.

【絆脚石】 장애물
　　예 不良銀行的存在就是我國經濟發展的最大的絆脚石.
　　　- 불량은행의 존재야말로 우리나라 경제발전의 가장 큰 장애물이다.

【飽眼福】 눈요기를 마음껏하다.

【예】 這次去慶州看世界衣服展覽會可眞飽了眼福了.

【抱不平】 불의를 보고 나서다.
　　【예】 別人這麽欺負她我有點抱不平, 就替她說了幾句.
　　　　- 남들이 그녀를 그렇게 괴롭히는 것을 보고 나는 정의심이 다소 발동하여 그녀를 위해 몇마디 말하였다.

【爆冷門兒】 예상 외의 일이 발생하다.
　　【예】 這次世界盃足球賽爆了個大冷門兒, 法國隊竟戰勝了上屆冠軍巴西隊.
　　　　- 이번 월드컵 축구시합에서는 예상 밖의 큰 일이 발생하였는데, 프랑스팀이 지난번 우승팀인 브라질팀과 싸워 이겼다는 것이다.

【爆滿】 관람객등이 갑자기 포화상태에 달하다.
　　【예】 那部電影放映以後每場都爆滿了.
　　　　- 그 영화는 방영된 이후로 매번 만원사태를 빚었다.

【輩分】 가족친척간의 촌수서열
　　【예】 按輩分, 你不應該叫我的名字.
　　　　- 촌수에 의하면 당신은 나의 이름을 불러서는 안됩니다.

【笨手笨脚】 손발이 민첩하지 못하다.
　　【예】 瞧他給孩子穿衣服那笨手笨脚的樣兒!
　　　　- 저 사람이 아이에게 옷을 입혀주는 저 어수룩한 동작 좀 봐!

【笨嘴拙舌】 입재주(말주변)가 없는 어눌한 모양
　　【예】 我笨嘴拙舌的, 說不好, 還是你說吧.
　　　　- 나는 입재주가 없어서 말을 잘 못하니, 당신이 말을 하세요.

【比着葫蘆畵瓢】 남이 해 놓은 것을 보고 대충 모방만 하다.
　　【예】 這事兒我也沒幹過, 只好比着葫蘆畵瓢.
　　　　- 이 일을 나도 해 본 경험이 없으니, 단지 남이 해 놓은 것을 보고 대충 모방만 해낼 수 밖에요.

【筆挺】 몸이나 의복이 꼿꼿하고 말쑥한
　　예 他穿上這身筆挺的西裝還眞像那麽回事兒.
　　　- 그가 이 말쑥한 양복을 입고나니 정말 그럴듯하군요.

【閉門羹】 주인의 거절이나 부재로 인해 문 밖에서 벌서고 있는 상황.
　　예 我好不容易找到他家, 却吃了閉門羹.
　　　- 나는 힘들게 겨우 그의 집을 찾았지만, 그만 들어가지 못하는 신세가 되고 말았다.

【避風港】 원 뜻은 바람을 피하는 항구의 의미지만 안식처라는 의미로 주로 사용됨.
　　예 這窮山僻壤倒成了他的避風港.
　　　- 이 궁벽한 지역이 오히려 그의 안식처가 되어버렸다.

【避風頭】 불리한 형세를 피하다.
　　예 這幾天有點兒不妙, 你先出去避避風頭吧!
　　　- 요 며칠은 정세가 다소 좋지 못하니, 당신은 우선 나가서 불리한 정세를 좀 피하십시오.

【變掛】 앞의 약속이나 협의를 인정하지 않다.
　　예 現在就這麽說定了, 你到時候可不能變掛!
　　　- 지금 바로 이렇게 결정이 됐으니, 나중에 번복하면 절대 안돼요!

【變色龍】 기회를 이용해 잘 변장하거나 변덕이 심한 사람을 비유.
　　예 這家伙眞是個變色龍, 一會兒站在國民黨, 一會兒站在共産黨.
　　　- 이 녀석은 정말 카멜레온과 같은 자야, 금방 국민당편에 섰다가 또 금방 공산당 편에 섰어!

【不對勁兒】 분위기가 심상치 않음.
　　예 我一進屋, 就覺得氣氛有點不對勁兒.
　　　- 나는 방안을 들어서자마자 분위기가 약간 심상치 않은 것을 느꼈다.

【不分靑紅皂白】 시비를 가리지도 않고
　　예 怎麼能不分靑紅皂白就把人帶走了呢?
　　　　- 어찌 시비를 가리지도 않고 사람을 데려가 버릴 수가 있소?

【不乾不淨】 깨끗하지 못한
　　예 我可不要你那不乾不淨的錢!
　　　　- 나는 너의 그 더러운 돈을 원하지 않아!

【不賴】 좋다
　　예 你眼力眞不賴呀!
　　　　- 당신의 시력은 정말 좋군요!

【不理不睬】 거들떠보지도 않다.
　　예 那售貨員態度眞不像話, 喊了她半天都不理不睬的.
　　　　- 저 판매원의 태도는 정말 너무해, 몇 번이고 그녀를 불러도 거들떠보지도 않으니.

【不起眼兒】 관심이나 중시를 당하지 않다.
　　예 別看這些螺絲釘不起眼兒, 離了它機器就轉不了.
　　　　- 나사못이 대수롭지 않다고 생각하지 말아요, 그것이 없으면 기계가 돌아가지 않아요.

【不入流】 표준에 못 미치는, 형편없는
　　예 凭這幾個不入流的演員就想賺我們的錢?
　　　　- 이 몇 명의 형편없는 배우에 의지하여 우리들의 돈을 벌려고 하다니?

【不三不四】 행동이나 언행이 좋지 못한
　　예 你怎麼淨結交一些不三不四的朋友?
　　　　- 너는 어찌 늘 행실이 안 좋은 그런 친구들만 사귀니?

【不是玩兒的】 장난이 아닌, 심각한

예 倉庫重地不準吸煙, 萬一不小心失火可不是玩兒的.
- 창고는 중요한 지역이니 흡연을 삼가하여야 해, 만일 실수하여 화재가 발생하면 사태가 심각하다.

【不知天高地厚】 천지도 모르고 덤비다.
예 這麼點兒錢你還想辦公司, 別不知天高地厚了!
- 이 몇 안 되는 돈으로 회사를 세우려고 하다니, 천지도 모르고 덤비지 말어!

C

【材料】 비유적으로 "어떤 일에 적합한 인재"라는 의미.
예 我這人五音不全, 不是唱歌的材料.
- 나는 오음도 못 가누는지라, 노래를 부를 인재가 못 됩니다.

【菜色】 영양불량으로 얼굴빛이 누렇게 변한 모습.
예 你看他一臉菜色, 眞是可憐.
- 그의 누렇게 뜬 얼굴을 한 번 봐요, 정말 가련합니다.

【差勁】 사람이나 물건의 품격이 낮음.
예 這些假冒煙眞差勁.
- 이 가짜 메이크 담배 정말 품격이 떨어지군.

【嘗鮮】 계절음식의 신선한 맛을 보다.
예 剛做好的螃蟹, 來! 大家嘗嘗鮮!
- 방금 막 꽃게를 요리했으니, 자, 오두들 와서 신선한 맛을 한 번 보세요!

【唱白臉】 원래의 의미는 희곡에서 얼굴에 흰색을 칠한 악역을 지칭. 비유적으

로 얼굴빛을 엄격하게 하여 강경하게 일을 처리하는 사람을 뜻함.
- 예 你們都充好人, 讓我唱白臉, 我不幹.
  - 당신들은 모두 좋은 사람인 척 하면서 나만 그 일에 강경하게 대처하도록 하다니 저는 못 하겠어요.

【唱反調】 동조하지 않고 반대 입장을 취하다.
- 예 你爲什麼老是唱反調和我作對呢?
  - 당신은 왜 늘 반대 입장을 취하며 나와 대결하려고 하죠?

【唱高調】 공허하고 현실성이 없는 겉만 번지레한 말을 하다.
- 예 唱高調容易, 眞做起來就難了.
  - 이상만 높은 말을 하기는 쉬워도 진짜 그것을 실행하는 것은 어렵다.

【炒冷飯】 새로운 내용이 없이 이전에 이미 발표하거나 행한 적이 있는 관점이나 일들을 중복함.
- 예 他這篇文章完全是炒冷飯, 沒什麼新意.
  - 그의 이 한 편의 문장은 완전히 옛날 것을 재탕한 것이라 새로운 뜻이 거의 없어.

【炒魷魚】 윗 사람이나 상부에 의해 사퇴나 해고, 혹은 견책 등의 일을 당하는 것을 비유함.
- 예 你再不好好幹, 早晚要被老板炒魷魚的.
  - 당신이 다시 또 열심히 일하지 않을 시에는 조만간에 사장에게 큰 일 당할 것입니다.

【扯後腿】 친한 사이를 악용하여 남에게 해를 끼치다.
- 예 你放心去吧, 我保證不扯你的後腿.
  - 안심하고 가세요, 절대로 당신을 뒤에서 이용하지 않을 테니까.

【扯平】 서로 공평하게 되다.
- 예 我打了你一耳光, 可你也踢了我一脚, 咱們扯平了.

- 내가 당신의 뺨을 한 대 때렸고, 당신도 또 나를 한 번 걸어찼으니, 우리는 이제 공평하게 됐어요.

【沈下心】 마음을 가라앉히고 주의력을 집중하다.
예 這下我可以沈下心來搞研究了.
- 이제야 나는 마음을 가라앉히고 연구를 할 수 있게 되었어.

【沈住氣】 당황하지 않고 마음을 진정하다.
예 沈住氣! 你最好別先生氣.
- 진정하세요! 먼저 화를 내지 않는 것이 상책이에요.

【稱心】 마음에 드는
예 他找了個稱心的妻子.
- 그는 마음에 맞는 처를 얻었다.

【撐腰】 지지해주다. 뒤에서 밀어주다.
예 有老百姓給你撐腰, 你怕什麼!
- 백성들이 당신을 밀어주고 있는데, 두려울 것이 뭐 있어요?

【成問題】 문제가 생기다. 혹은 엉망이다.
예1 明天要是再下雨的話, 比賽可就成問題了.
- 내일 만약 또 비가 내리면 시합에 문제가 발생합니다.
예2 我的發音很成問題, 能不能幫我糾正一下?
- 나의 발음이 매우 엉망이니 나를 도와서 발음을 좀 고쳐주실 수 있어요?

【吃豹子膽】 간이 부었다.
예 你吃豹子膽了嗎? 敢說這種話?
- 당신 간이 부었어요?! 감히 그런 이런 말을 하다니!

【吃不消】 능력의 한계로 지탱치 못하다.
예 一天幹這麼多活兒, 你的身體怕吃不消吧?

- 하루에 그렇게 많은 일을 하다니, 당신의 몸이 아마도 견디지 못하겠지요?

【吃得消】 견디어 낼 수 있다.
　예 讓我來吧! 我身體好, 吃得消!
　　- 제가 하죠! 나는 몸이 좋으니, 견뎌낼 수 있어요!

【吃醋】 남녀관계 사이에서 질투를 품다.
　예 我和他只是普通朋友, 你沒必要吃醋.
　　- 나와 그는 단지 보통 친구일 따름이니 당신은 질투할 필요가 없습니다.

【吃豆腐】 여자를 가까이에서 희롱하거나 수작을 벌이며 즐기다.
　예 她是有夫之婦, 你休想吃她豆腐.
　　- 그녀는 남편이 있는 여자이니, 당신은 그녀를 희롱할 생각일랑 말아요.

【吃裏爬外】 안으로 한 쪽의 도움을 얻으면서 또 한편으로 몰래 다른 쪽을 위해 일하다.
　예 我眞瞎了眼, 沒看淸你原來是個吃裏爬外的東西!
　　- 나도 정말 눈이 삐었지, 알고 보니 네가 안으로는 우리 편인 척하지만 바깥으로 남을 위해 일하는 놈인 줄을 몰라보았으니!

【吃奶的力氣】 젖 먹던 힘을 다하다.
　예 拔河比賽就要開始了, 大家可要拿出吃奶的力氣使勁拔!
　　- 줄다리기 시합이 막 시작되려 합니다. 모두들 젖 먹던 힘을 다해 힘껏 당겨야 합니다.

【吃軟不吃硬】 달래주는 것은 받아들이나 강경한 태도는 받아들이지 않다.
　예 我這人就是吃軟不吃硬.
　　- 나 이 사람은 남이 부드럽게 달래면 받아주지만 강경한 태도는 받아들이지 않는다.

【吃硬不吃軟】 강경한 태도는 무서워하면서도 달래는 태도는 받아들이지 않다.
　　예 對于這種吃硬不吃軟的人, 就應給他點兒顏色看!
　　　　- 강경하게 나오면 무서워하면서도 좋은 말로 하면 듣지 않는 이런 사람에게는 마땅히 혼을 좀 내어 주어야 해!

【冲】 말을 직선적으로 막하다. 혹은 맛이 강하거나 강도가 진하다.
　　예1 這小伙子說話怎麽這麽冲?
　　　　- 이 젊은이는 말을 왜 이렇게 직선적으로 심하게 하지?
　　예2 這酒味兒眞冲!
　　　　- 이 술맛은 정말 강하군!
　　예3 你怎麽冲着我來了?
　　　　- 왜 나에게로 향하지요?

【臭美】 별꼴이다. (남의 마음도 모른 체 혼자서 자신을 미화하다.)
　　예 她一直以爲自己是個標準的賢妻良母, 眞臭美!
　　　　- 그녀는 늘 자신이 현모양처의 표본인 줄 알고 있어, 정말 별꼴이야!

【出風頭】 남 앞에서 나서서 잘난 체 하다.
　　예 我不喜歡愛出風頭的女人.
　　　　- 나는 잘난 체 하기를 좋아하는 여자가 싫다.

【出難題】 해결하기 힘든 문제를 제시하다.
　　예 讓我去給他們兩家調解, 這不是給我出難題嗎?
　　　　- 나로 하여금 그들 두 집 사이의 문제를 해결하라니, 그건 나에게 너무 어려운 문제를 제시하는 것이 아닐까요?

【出洋相】 남부끄럽거나 우스운 행동을 보이다.
　　예 剛到美國的時候, 因爲聽不懂英文, 我出了不少洋相.
　　　　- 내가 막 미국에 도착하였을 때, 영어를 못 알아들어 적지 않은 남부끄러운 우스운 행동을 보였다.

【湊熱鬧】 많은 군중들과 함께 어울려 즐기다.
> 예 中正公園今天晚上放煙火, 咱們也去湊湊熱鬧吧.
> - 중정공원에서 오늘 저녁 불꽃놀이를 하니, 우리도 가서 함께 구경합시다.

D

【打抱不平】 약자를 도와 정의의 항쟁을 하다.
> 예 這個人有正義感, 愛打抱不平.
> - 이 사람은 정의감이 있어서, 남을 도와 의로운 일을 하길 좋아합니다.

【打岔】 남의 언행을 간섭하거나 중단시키다.
> 예 別打岔, 聽他把故事講完!
> - 이야기 중간에 방해하지 마시오, 그의 이야기를 끝까지 들으시오!

【打消】 취소하여 거두어들이다.
> 예 你最好打消這個念頭.
> - 당신은 그 생각을 취소하는 것이 좋을 겁니다.

【打主意】 (무엇을 이용할 생각으로) 넘겨보다.
> 예 這家伙不知又在打誰的主意了.
> - 저 녀석이 또 누구를 넘겨볼 생각을 하는지 모르겠군.

【大不了】 최악의 경우에도 더 이상 ~ 하지는 않다. (= ~일 따름이다.) 혹은 심각하다.
> 예1 沒什麼, 這兒幹不下去了, 大不了把我調走就是了.
> - 괜찮아요, 여기에서 일을 할 수 없으면 나를 다른 곳으로 옮기기

밖에 더 하겠어요!

예2 這病沒什麼大不了的, 過幾天就會好的.
- 이 병은 그렇게 심각한 것이 아녀요, 며칠만 지나면 곧 좋아질 겁니다.

【大款兒】 부호

예 這種豪華飯店也只有那些大款兒們住得起.
- 이런 호화반점은 다만 돈 많은 부호들만 묵을 수 있을 겁니다.

【戴高帽子】 비행기 태우다. 남에게 아부하는 말을 하다.

예 別淨給我戴高帽子, 我哪有那麼好!
- 마냥 나를 비행기 태우지 말아요, 내가 어떻게 그렇게도 좋아요!

【戴綠帽子】 외도하는 여자의 남편을 지칭.

예 看好你的老婆吧, 小心人家讓你戴綠帽子!
- 당신의 부인을 잘 지키세요, 남이 당신의 부인과 외도하지 않도록 조심하세요!

【戴有色眼鏡】 색안경을 쓰고 보다.

예 你別總是戴有色眼鏡看目前的靑年人!
- 늘 색안경을 쓰고 현재의 젊은이들을 보지는 말아요!

【當回事兒】 중시하다.

예 他自以爲是個大人物, 可沒人把他當回事兒.
- 그는 스스로 큰 인물인 줄 알고 있으나, 아무도 그를 중시하지 않아요.

【擋箭牌】 방패의 의미지만 비유적으로 무슨 일의 구실이나 변명으로 삼는 것을 지칭.

예 每次去請他, 他都拿身體不好做擋箭牌一口回絕了.
- 매번 그를 청할 때마다 그는 몸이 좋지 않다는 구실로 방패를 삼아 한마디로 거절을 하였다.

【倒胃口】 구역질나다. 비유적으로는 사람으로 하여금 혐오감을 느끼게 하다는 의미.
  예 聽着他那一堆不堪入耳的話眞讓人倒胃口.
   - 귀에 넣지 못할 그의 말들을 듣자니 정말 사람으로 하여금 혐오심을 느끼게 했다.

【到手】 손에 넣다.
  예 眼看就要到手的金牌又讓人家奪走了.
   - 보기에 거의 손 안에 들어온 금메달이 또 남에 의해 뺏겨버렸다.

【得手】 바라는 대로 순리적으로 완성하다.
  예 因防盜門非常堅固, 小偸未能得手.
   - 도둑 방지용 문이 매우 견고하여 도둑이 일을 이루지 못했다.

【地道】 진짜의, 표준의
  예 你的普通話說得眞地道.
   - 당신의 중국어는 정말 표준말이군요.

【嗲】 일부러 애교나 응석이 섞인 소리나 자태.
  예 這女人說話嗲聲嗲氣的, 讓人不舒服.
   - 저 여자는 말할 때 고의로 애교를 부리는 소리가 정말 듣기 싫어!

【顚三倒四】 언행이 앞뒤가 없음.
  예 你今天怎麽了? 顚三倒四地說些沒頭沒腦的話.
   - 당신 오늘 왜 그래요? 뒤죽박죽 앞뒤가 없는 말들을 늘어놓으니!

【點子】 생각이나 방법 혹은 핵심
  예1 他點子多, 咱們去找他吧.
   - 그는 묘책을 잘 생각해내니까 우리 가서 그를 찾읍시다.
  예2 說了半天, 你根本沒說到點子上去.
   - 종일 얘기했지만 당신은 전혀 핵심을 말하지 못했어요.

【弔兒郎當】 빈둥거리며 나태하게 놀고먹는 모습.
> 예 現在是什麼時候了, 你不該弔兒郎當不務正業的過日子.
> - 지금이 어느 시대인데, 당신은 빈둥거리며 본업을 하지 않고 나날을 보내서는 안돼요!

【跌眼鏡】 예상 밖의 일로 인해 놀라다.
> 예 比賽結果讓人大跌眼鏡.
> - 시합의 결과는 사람들로 하여금 크게 놀라게 하였다.

【頂呱呱】 매우 좋음.
> 예 他做的菜那才叫頂呱呱呢!
> - 그가 만든 요리야말로 바로 제일이라고 부를 수 있죠!

【獨木橋】 원 뜻은 "외나무 다리"이나 험난한 길을 비유함.
> 예 你走你的陽關道, 我走我的獨木橋.
> - 당신은 자신의 순탄한 길을 걷고, 나는 나의 험난한 길을 가는 거죠!

【對頭】 적당하다. 혹은 원수나 적
> 예1 看來我們的方法不對頭.
> - 내 보기에 우리들의 방법이 적합하지 않습니다.
> 예2 他是我的死對頭.
> - 그는 나와 라이벌 관계인 적입니다.

E

【惡作劇】 남을 난처하게 하는 심한 장난.
> 예 怎麼能跟老師玩這種惡作劇呢!
> - 어떻게 선생님에게 그런 장난을 할 수 있어!

【二流子】 빈둥거리며 본업이 없는 사람.
> 예 他從一個二流子轉變成了一個好靑年.
> - 그는 룸팬에서 멋진 한 청년으로 변하였다.

F

【發狠】 모진 마음을 먹다.
> 예 她一發狠, 就在離婚書上簽了名.
> - 그녀는 한 번 모진 마음을 먹고 이혼서류에 사인을 하였다.

【放水】 운동경기에서 한 팀이 순위를 고려한 나머지 일부러 다른 팀에게 져주는 것.
> 예 爲了在第二階段避開巴西隊, 有的隊在小組循環賽中放水輸球.
> - 다음 번의 시합에서 브라질 팀을 피하기 위해 어떤 팀은 그 조의 순환경기에서 일부러 져주기도 하였다.

【放在心上】 마음 속으로 중시하다.
> 예 這件事他根本沒放在心上.
> - 이 일을 그는 전혀 마음 속으로 중시하지 않고 있었다.

【放在眼裏】 중시하다. 안중에 두다.
> 예 這點兒錢我根本就沒放在眼裏.
> - 이 적은 돈은 나에겐 전혀 안중에도 없습니다.

【非得】 반드시
> 예 難道這事兒非得我出面不可嗎?
> - 이 일에 반드시 제가 나서야만 되겠어요?

【費口舌】 입과 혀를 놀려 부단히 얘기하다.
> 예 對這種不可理喩的人不用再費口舌了.
> - 이렇게 도저히 이해할 수가 없는 사람과는 입놀려 다시 말할 필요도 없어요.

G

【趕時髦】 유행을 쫓다.
> 예 你這身打扮還挺趕時髦嘛!
> - 당신의 차림새를 보니 아주 유행을 쫓아 입어셨군요!

【給臉色看】 남에게 인상을 쓰다.
> 예 我住在他家的時候, 他動不動給我臉色看.
> - 내가 그의 집에서 묵을 때에 그는 걸핏하면 나에게 인상을 찌푸렸다.

【給顔色看】 누구를 혼내주다.
> 예 你要再不老實, 我就給你一點兒顔色看看.
> - 너가 만약 다시 또 속이면 내 너를 혼을 좀 내겠어.

【怪裏怪氣】 괴상한
> 예 瞧她那身衣服, 怪裏怪氣的, 像什麼樣子!
> - 저 여자의 옷 좀 봐, 괴상망측한 것이 무슨 꼴이람!

【鬼臉兒】 장난삼아 일부러 얼굴에다 우스운 표정을 만들다.
> 예 他冲爸爸做了個鬼臉兒就跑出去了.
> - 그는 아버지를 향해 귀신얼굴을 한 번 짓고는 달려 나갔다.

【鬼靈精】 매우 영악한 아이

예 這孩子, 眞是個鬼靈精!
　　　- 이 아이는 정말 영악해!

【過來人】 특별한 무슨 일을 경험한 사람
　　예 在結婚問題上你一定要聽媽媽的話, 她可是過來人.
　　　- 결혼문제에 있어 너는 반드시 엄마의 말을 들어야 해, 엄마는 바로 경험자가 아니니.

【過意不去】 마음 속으로 미안하거나 감사하여 불안함.
　　예 讓你這麼受累我眞過意不去.
　　　- 당신으로 하여금 이다지도 폐를 입게하여 정말 미안하군요.

H

【喝西北風】 생활이 어려워 입에 풀칠을 못 하다.
　　예 我再不賺錢, 我們全家都得吃西北風.
　　　- 내가 돈을 벌지 못하면 우리 집 사람 모두는 입에 풀칠을 못 할 것입니다.

【黑馬】 운동경기 등에서 예상밖에 출현한 강력한 선수.
　　예 誰也沒有想到田徑場上突然出現他這匹黑馬.
　　　- 그 누구도 육상경기장에서 강력한 우승후보인 그가 출현할 것을 예상하지 못하였다.

【後路】 뒷날을 위한 남겨 둔 여지.
　　예 話不能說得太絶對, 最好給你自己留條後路.
　　　- 말을 너무 그렇게 똑 부러지게 해선 않됩니다. 자신을 위해 뒷길을 남겨두는 것이 가장 좋습니다.

【後門】 불법적인 통로
- 例 以前, 有錢有勢的高官子弟經常走後門上大學.
  - 예전에는 돈 있고 세력 있는 고관자제들이 늘상 불법적인 통로를 통해 대학진학을 했습니다.

【胡扯】 농담하다 혹은 근거 없이 막 얘기하다.
- 例 你別聽他胡扯, 哪有這種事兒!
  - 그의 엉터리 얘기를 듣지 마세요, 그런 일이 어디 있어요!

【划不來】 실리가 없다. 수지가 맞지 않다.
- 例 這椿買賣划不來, 我不幹.
  - 이 장사는 실리가 없으니, 나는 하지 않겠어요.

【划得來】 실리가 있다. 수지가 맞다.
- 例 破費點錢, 却買了敎訓, 我看也划得來.
  - 돈을 좀 낭비했지만, 교훈을 샀으니, 내가 보기에는 수지가 맞습니다.

【話把兒(=話柄)】 빌미
- 例 你們做事太不聰明, 這不就給人家落下話把兒了嗎?
  - 일들을 왜 그리도 멍청하게 했죠? 그러면 바로 남에게 빌미를 잡힌 것이 아닙니까?

【話裏有話】 말 속에 다른 의미가 있음.
- 例 我覺得他說得話裏有話, 可又不直說, 眞讓人費琢磨.
  - 내 생각에 그의 말에는 또 다른 의미가 내포되어 있다고 봅니다, 그런데도 그 사람이 직접 그 얘기를 하지 않으니, 정말 사람으로 하여금 골머리를 쓰게 만들군요.

【回請】 답례로 대접하다.
- 例 這頓飯算是對你們上次款待我的回請.
  - 이번의 대접은 당신들이 지난 번 저를 보살펴 주신데 대한 답례

입니다.

【回頭】 원래는 "돌아보다"의 의미지만 비유적으로 "참회하다"는 뜻으로 사용됨. 혹은 조금 기다리다.
　예1 現在回頭還不算晚, 我勸你趕快去自首.
　　- 지금 뉘우쳐도 아직 늦지 않았으니, 권하건대 얼른 가서 자수하세요.
　예2 我有事兒先去辦, 回頭再找你.
　　- 제가 일이 있어 먼저 처리를 하여야하니, 좀 있다 다시 당신을 찾을게요.

【活見鬼】 불가사의의
　예 眞是活見鬼! 怎麽會在這兒見到他, 他不是早就去外國了嗎?
　　- 정말 불가사의야! 어떻게 여기서 그를 보게 되지? 그는 이미 외국에 가지 않았던가?

【活受罪】 (고생으로) 생사람 잡다.
　예 大熱天兒的, 穿得這麽嚴實, 眞是活受罪!
　　- 이 더운 날에 그렇게 끼어 입다니, 정말 사람 잡겠어!

J

【急就章】 일시적 필요에 의해 급히 완성시킨 작품이나 일.
　예 他寫的那幾部小說大都是急就章, 沒多少文學價値.
　　- 그가 적은 그 몇 권의 소설은 대부분이 필요에 의해 급히 적은 것이라, 그렇게 문학적 가치가 있는 것이 아닙니다.

【假戲眞做】 본래 일부러 한 일이나 나중에 정말 진짜가 되어 버리다.
　예 出於工作需要, 他倆扮做夫妻, 誰想到他們假戲眞做, 從此兩人

產生了愛情.
- 일의 필요성에서 그 둘은 부부 역할을 맡았지만, 생각지도 않게 그들은 거짓 연극을 진짜로 하게 되어, 이로부터 그 두 사람은 애정이 생기게 되었다.

【見不得人】 남부끄러운
예 你們放心吧! 你們之間那些見不得人的事兒, 我不會說出去的.
- 마음 놓아요! 당신들 간의 그 남부끄러운 일을 나는 바깥에 알리지 않을 테니까.

【見好就收】 적당한 선에서 그치다. (=適可而止)
예 見好就收吧! 別再繼續下去.
- 적당히 이익을 보았으면 그만 거두어요! 계속하지 말아요.

【見外】 예의를 차리며 남같이 대우하다.
예 都是老同學, 何必這麼見外!
- 모두가 옛날 동창인데 그렇게 내외할 필요가 있어요!

【嬌滴滴】 자연스럽지 않고 애교를 부리는 모습.
예 這女人說起話來嬌滴滴的, 讓人不舒服.
- 이 여자는 말하는 것이 고의로 애교를 부려 사람으로 하여금 거슬리게 한다.

【脚踏兩只船】 양다리 걸치다.
예 別再脚踏兩只船了, 要麼跟他們走, 要麼和我們連手.
- 양다리 걸치지 말아요, 그들과 함께 걷든지, 우리들과 함께 손을 잡든지 하세요.

【絶活兒】 절묘하고 독특한 재주.
예 在晚會上, 他爲我們表演了幾手絶活兒.
- 저녁 만찬에서 그는 우리들을 위해 몇 가지 절묘한 재주를 보여주었다.

K

【開張】 개점하다. 혹은 영업을 시작하다.
　　예 飯店剛一開張, 就搞得十分紅火, 盈利也可觀.
　　　- 반점을 막 개장하자마자 매우 장사가 잘 되어 순이익도 매우 많았다.

【侃大山(=砍大山)】 한가히 잡담하다.
　　예 別人都忙着幹活, 你倆却在這兒侃大山.
　　　- 다른 사람들은 바쁘게 일을 하는데, 당신 둘은 여기에서 잡담을 하고 있어요!

【看扁】 무시하다. 경시하다.
　　예 別把人看扁了!
　　　- 사람을 무시하지 말아요!

【看不上(眼)】 눈에 차지 않다.
　　예 別人給她介紹的小伙子, 她都看不上眼.
　　　- 다른 사람이 그녀에게 소개해 준 젊은이들이 그녀는 모두 눈에 차지 않았다.

【坑】 남을 속여 골탕 먹이다.
　　예 我讓這伙奸商給坑了.
　　　- 나는 이들 간악한 상인들에게 속았다.

【空口說白話】 말만 하고 실행을 하지 않다. 혹은 공론을 하다.
　　예 空口說白話不行, 得拿出證據來才能服人.
　　　- 공론만 늘어놓아야 무슨 소용이 있어, 반드시 증거를 제시하여야만 비로소 남을 설득시킬 수 있지.

【空頭支票】 실현시킬 수 없는 약속.

예 他淨開空頭支票, 別信他!
- 그는 마냥 이루지 못할 말들만 합니다. 그를 믿지 말아요!

【口頭禪】 입버릇처럼 하는 말.
예 他的口頭禪是"研究研究".
- 그는 늘 "연구해보자"라는 말을 입버릇처럼 사용한다.

【苦水兒】 고통과 억울함.
예 我一肚子苦水兒沒處倒.
- 나의 가슴 가득 찬 고통들을 쏟아 부을 곳이 없다.

L

【拉關係】 자신의 이익을 위해 사람들과 관계를 맺다.
예 這人挺會拉關係.
- 이 사람은 자신의 이익을 위해 남과 관계를 잘 맺는다.

【老大不小】 이미 자라 어른이 되다.
예 你也老大不小了, 該考慮一下你未來的問題.
- 너도 이제 어른이 되었으니, 응당 자신의 미래문제를 좀 생각해야 한다.

【老到】 노련하다.
예 這孩子小小的年紀辦事却斑老到.
- 이 아이는 나이는 어려도 일을 처리하는 것이 매우 노련하다.

【老調兒】 진부한 논조
예 這個問題是老調兒重彈, 能不能換點別的?
- 이 문제는 진부한 문제를 다시 거론하는 것이니, 다른 것으로 바

꿀 수 없어요?

【冷場】 무대연출 등에서 무슨 실수로 인해 썰렁한 분위기가 되는 것. 혹은 회의에서 아무도 발언하지 않아 침묵이 흐르는 것.
> **예1** 眞糟糕! 主角到現在還沒出現, 我看這場演出非得冷場不可.
> - 정말 큰일 났군! 주연배우가 아직까지도 나타나지 않았으니, 보아하니 이번 공연은 틀림없이 썰렁해지겠는걸.
>
> **예2** 有什麼意見, 請大家儘管說, 別冷場.
> - 의견이 있으면, 여러분 무엇이든 말하십시오, 침묵을 지키지 마시고.

【冷門兒】 인기가 없는 일들이나 전공.
> **예** 以前中文系是個冷門系, 可現在算是熱門系.
> - 이전에는 중문과가 인기가 없는 과였지만 지금은 인기 있는 과에 속한다.

【流裏流氣】 언행에서 나타난 깡패기질.
> **예** 瞧他那副流裏流氣的樣子!
> - 저 사람의 깡패 같은 모습 좀 봐!

【留一手】 자신의 실력이나 기술을 모두 발휘하지 않고 다소 보류하다.
> **예** 我看中國球隊爲了下一場比賽留一手了.
> - 내가 보기에는 중국팀이 다음 시합을 위하여 실력을 모두 발휘하지 않은 것 같아요.

【露一手】 자신의 그 어떤 재능을 남에게 한 번 보여주다.
> **예** 我今天給你們露一手我的拿手好菜.
> - 나는 오늘 여러분들에게 나의 18번 요리를 한 번 보여 드리죠.

【驢脣不對馬嘴(=牛頭不對馬嘴)】 동문서답이나 상호 일치하지 않는 진술 등.
> **예** 老師問他問題, 他回答得驢脣不對馬嘴.

- 선생님이 그에게 문제를 물었으나 그는 동문서답으로 회답했다.

M

【馬後炮】 때가 지난 후에 제시하는 말이나 거동.
　　　예 事情都做完了, 你才說起這個主意, 這不是馬後炮嗎?
　　　　- 일이 이미 끝이 났는데, 지금에야 당신의 의견을 말하니 그것은 바로 뒷북치는 것이 아니요?

【馬路新聞】 민간에 퍼진 증거없는 소식.
　　　예 你那點消息純是馬路新聞, 靠不住.
　　　　- 당신의 그 소식은 순전히 민간에 퍼진 소문이어서, 믿을 수가 없어요.

【賣關子】 일이나 행동을 할 때 고의로 중간에서 멈추어 남의 흥미를 야기시키는 행위.
　　　예 把話說完不好嗎? 幹嘛淨賣關子!
　　　　- 말을 다 끝맺으면 안 돼요? 왜 자꾸 중단을 하죠?

【賣人情】 호감을 사기 위하여 남에게 무슨 좋은 이득을 주다.
　　　예 你竟敢拿我的東西去賣人情!
　　　　- 감히 나의 물건을 가지고 남에게 선심을 써?

【沒大沒小】 나이의 많고 적음을 의식 못한 예의 없는 행위.
　　　예 跟爺爺說話, 不能這麼沒大沒小的!
　　　　- 할아버지에게 말할 때 그런 식으로 예의 없이 말하면 안 돼!

【沒的說】 험잡을 수 없이 완벽하다. 혹은 말할 필요가 없다.
　　　예1 他的表演簡直沒的說!

- 그의 연출은 정말 완벽하였다.

예2 咱們是老朋友了, 這點事兒沒的說! 就交給我了.
- 우리들은 옛 친구인데, 이런 작은 일은 부탁할 필요도 없어요, 바로 내게 맡겨요!

【沒事兒找事兒】 스스로 번거롭게 일을 만들다. 혹은 흠을 잡다.

예1 你身體好好的, 又要去做什麼檢査, 別沒事兒找事兒了.
- 당신의 몸은 참 좋은데, 또 무슨 검사를 받는다니 일을 스스로 찾고 있군요.

예2 他看着我不順眼, 就成心沒事兒找事兒.
- 그는 나를 싫어해서 고의로 흠을 잡습니다.

【沒頭沒腦】 앞뒤가 없는

예 你沒頭沒腦地說了這麼一大堆, 我越聽越胡塗.
- 당신이 앞뒤가 없이 그렇게 말을 많이 늘어놓으니, 나는 들으면 들을수록 혼란해지는군요.

【沒完沒了】 끝이 없는

예 你這麼沒完沒了地囉唆, 眞煩人!
- 당신이 이렇게 끝없이 잔소리를 해대니 정말 미치겠군요!

【沒心肝】 정도 없고 의리도 없는

예 眞是個沒心肝的東西!
- 정말 의리도 정도 없는 놈!

【沒心沒肺】 어리석고 심기가 얕은

예 他這人總是這麼沒心沒肺的, 別跟他一般見識.
- 그 사람은 언제나 그렇게 어리석고 생각이 좁아요, 그를 같이 상대하여 갈지 말아요!

【沒准兒】 아마, 혹시

예 他沒准兒病了, 所以沒能來參加晚會.

- 그는 아마도 병이 난 모양입니다, 그러므로 만찬에 참가할 수 없었던 거지요.

【蒙】 기만하다. 혹은 정신이 어리둥절하다.
　　예1 這事兒你可蒙不了我.
　　　　- 이 일에 관해선 당신은 나를 속일 수가 없어요.
　　예2 他一聽這消息腦袋立刻蒙了.
　　　　- 그는 이 소식을 듣자마자 곧 바로 정신이 어리둥절하였다.

【明白人】 사리를 판단할 수 있는 자
　　예 你是個明白人, 這點兒道理我也不用多說了.
　　　　- 당신은 현명한 사람이니 이런 작은 도리에 대해선 나도 더 이상 말하지 않겠어요.

【摸不着頭腦】 영문을 알지 못하다.
　　예 他說的話讓人摸不着頭腦.
　　　　- 그가 한 말은 정말 사람으로 하여금 영문을 알 수 없게 한다.

【抹(=碰)一鼻子灰】 기대한 것을 이루지 못해 멋쩍다. 겸연쩍다.
　　예 他想去給人家道歉, 結果抹了一鼻子灰回來了.
　　　　- 그는 그 사람에게 사과를 하러 갔으나, 결과는 멋쩍은 상태로 돌아오고 말았다.

N

【拿不出手】 선물등이 보잘것없어서 주기가 창피한
　　예 這點兒禮物眞拿不出手, 你別見笑.
　　　　- 선물이 보잘것없어 정말 드리기가 뭐 하군요, 욕하지 마세요.

【拿得起放得下】 일을 융통성있게 잘 처리하는
　　예 瞧人家老王, 幹什麽都能拿得起放得下, 眞是個男子漢!
　　　　- 왕씨 아저씨를 한 번 보세요, 뭘 하든간에 늘 융통성있게 잘 하잖아요, 정말 사나이지요!

【拿手戲】 가장 자신있는 항목
　　예 做糖醋鯉魚是我的拿手戲.
　　　　- 탕수육은 제가 가장 잘 하는 요리죠.

【奶油小生】 여자같이 얌전하며 예쁘장하게 생긴 남자 연예인
　　예 我不喜歡這種奶油小生.
　　　　- 나는 그런 여자 같은 남자배우는 싫어요.

【難說】 판단이나 결단하기 어려운
　　예 現在還很難說他能不能拿金牌.
　　　　- 그가 금메달을 딸수 있을지 없을지는 지금으로서는 결론짓기 어렵다.

【難爲情】 체면이 상하고 겸연쩍다. 혹은 입장이 난처하다.
　　예1 全班就我自己不及格, 眞難爲情.
　　　　- 반 전체에서 나 혼자만 불합격이어서, 정말 체면이 상합니다.
　　예2 人家平時幇了不少忙, 偶爾托咱辦點事兒, 再要拒絶, 多難爲情啊!
　　　　- 그는 평소에 우리를 많이 도와주었는데, 간혹 우리에게 일을 부탁하는 것을 만약 거절하면 그 얼마나 입장이 난처하오!

【鬧翻】 피차 대립에 의해 사이가 결렬됨.
　　예 聽說他和敎練鬧翻了.
　　　　- 듣자니 그는 감독과 서로 갈라졌다더군.

【鬧着玩兒】 장난치다. 농담하다.
　　예 我們不是吵架, 是鬧着玩兒呢!

- 우리들은 싸우는 것이 아니고 장난치는 것입니다.

【能說會道】 언변이 좋다.
　　예 你們個個能說會道, 我的嘴笨, 說不過你們.
　　　- 당신들은 모두가 언변이 좋지만, 나는 입이 어눌하여 말로써 당신을 당해내지 못합니다.

【能手】 高手
　　예 這幾個女學生都是我們班上的刺繡能手.
　　　- 이 몇 명의 여학생들은 우리 반에서 자수고수들입니다.

【年頭兒】 년도 혹은 시대
　　예1 我上大學已經是第三個年頭兒了.
　　　- 내가 대학에 들어온 지도 이미 삼 년째 된다.
　　예2 這年頭兒, 只要有錢, 什麽都能買了.
　　　- 요즘 시대에는 돈만 있으면 뭐든 살 수 있어요.

【娘娘腔】 남자가 여자같이 말하는 것.
　　예 一個大男人說起話來怎麽有一口娘娘腔呢?
　　　- 다 큰 남자가 말하는 것이 어찌 여자 같이 말해요?

【捏一把汗】 긴장하여 손에 진땀을 빼다.
　　예 演員在臺上走鋼絲, 我們在臺下都爲他捏一把汗.
　　　- 배우가 무대에서 강철 철사로 공중을 걸을 때 우리들은 무대 아래에서 모두 손에 진땀을 뺐다.

P

【怕生】 낯선 사람을 겁내다.

예 這孩子怎麼這麼怕生, 看了我就躲在他媽媽身後.
- 이 애는 왜 이리도 낯을 가리죠? 나를 보고는 바로 엄마 뒤에 숨네요.

【怕事】 소심하고 나약하여 일을 겁내다.
예 他膽小怕事, 這種出頭露面的事兒他才不會幹呢!
- 그는 간이 작고 일을 겁내 이런 남 앞에 나서는 일을 하지 않을 것입니다.

【排場】 화려하고 사치스러운 겉모습.
예 現在是什麼時候, 結婚不該那麼講究排場.
- 지금이 어느 때인데, 결혼에도 그렇게 사치를 중시해서는 않되죠.

【泡湯】 일이 수포로 돌아가다.
예 眼看到手的一筆收入又泡湯了.
- 곧 손에 들어온 한 몫 수입이 또 물거품이 되었다.

【賠本兒】 본전도 걷지 못하고 손해를 보다.
예 他做生意老賠本兒, 他並不是做生意的材料.
- 그의 사업은 늘 손해를 봅니다, 그는 사업할 체질이 아닙니다.

【賠不是】 사과하다.
예 你給他賠個不是不就完了嗎!
- 당신이 그에게 사과를 한 번 하면 그만이지 않아요!

【配不上】 자격이 없어 어울리지 않다.
예 他根本配不上我的女兒!
- 그는 전혀 나의 딸과 어울리지 않아요!

【捧場】 남의 무슨 활동에 참가하여 축하하며 응원을 해주다.
예 這些人都是來爲他的個人展覽會捧場的.

- 이 사람들은 모두 그의 개인전람회를 축하하기 위해 온 사람들입니다.

【碰壁】 일이 벽에 부딪히다. 거절을 당하거나 무슨 행동에 제한을 받다.
- 예 他的運氣眞差, 辦事到處碰壁.
- 그는 운이 정말 나빠요, 무슨 일을 하여도 벽에 부딪혀요.

【碰釘子】 기도한 일이 거절을 당해 겸연쩍게 되다.
- 예 我想找他好好談談, 結果碰了個釘子回來了.
- 나는 그를 찾아 잘 좀 의논하려 하였지만 결과는 거절을 당해 겸연쩍게 돌아왔다.

【漂亮話】 실속없이 말만 그럴 듯한 이야기
- 예 就知道說漂亮話, 你倒是幹點實事兒啊!
- 말만 그럴 듯하게 할 게 아니라 실속 있는 일을 좀 해요!

【平頭正臉】 모습이 단정한
- 예 這小伙子平頭正臉的挺大方.
- 이 젊은이는 모습이 단정한 것이 매우 대범하군요.

【潑辣】 사납고 용감한
- 예 這個姑娘做事潑辣, 挺能幹.
- 이 아가씨는 일하는 것이 매우 용맹스러우며, 매우 유능합니다.

【潑冷水】 사람의 열정에 찬 물을 끼얹다.
- 예 人家從此要好好伺候你, 你這無情的行爲不就給人潑冷水嗎?
- 남은 지금부터 당신을 잘 모실려고 하였는데, 당신의 이 무정한 행동은 제게 찬물을 끼얹은 것이 아니고 뭡니까?

【婆婆媽媽】 언행이 여자같이 자질구레한
- 예 別婆婆媽媽地說起話來沒個完, 快點走吧!
- 자질구레하게 말을 한 번 하면 끝이 없어! 빨리 가요!

【破格】 고정된 규격이나 질서를 깸
> 예 他被破格錄取爲漢城大學的硏究生.
> - 그는 이례적으로 서울대 대학원생으로 뽑혔다.

Q

【七上八下】 마음이 불안한
> 예 當時我心裏七上八下的, 不知怎麽辦才好.
> - 당시 나는 마음이 불안하여 어찌해야 할 줄을 몰랐다.

【欺軟怕硬】 약자는 괴롭히고 강자에게는 겁을 내는
> 예 這家伙欺軟怕硬, 我得給他顔色看看.
> - 이 녀석은 약자를 괴롭히고 강자에게는 겁을 내는 녀석이라, 내 좀 혼을 내어주어야겠어.

【蹊蹺】 이상한
> 예 說起來這件事有點兒蹊蹺.
> - 얘기하자면 이 일은 다소 이상합니다.

【氣不過】 억울한 일을 당해 참을 수가 없다.
> 예 他這麽欺負人, 我實在氣不過, 就頂了他幾句.
> - 그가 사람을 이렇게도 괴롭히니, 나는 정말 참을 수가 없어서 그에게 몇 마디 대들었다.

【氣管兒炎】 "妻管嚴"과 같은 음이라 처를 무서워하는 남자, 즉 공처가의 의미로 사용됨.
> 예 他眞是個氣管兒炎, 每天一下班就一個人忙着回家!
> - 그는 정말 공처가야, 매일 퇴근을 하자마자 혼자 급히 귀가합니다.

【氣派】 사람이나 사물 등이 풍도와 기세가 넘쳐 대범한 기상이 있음.
  예 這種慶祝場面眞够氣派的!
      - 이러한 경축장면은 정말 기세가 넘치군요!

【牽腸掛肚】 매우 생각하고 걱정하여 불안한 마음.
  예 自從孩子去了新加坡, 老兩口沒有一天不牽腸掛肚的.
      - 자식이 싱가포르로 간 이후 노부부는 하루도 걱정하지 않는 날이 없었다.

【牽扯】 무슨 일의 관련자로 집어넣다.
  예 怎麽把我也牽扯進去了?
      - 어찌 저까지도 관련을 시켜 집어넣죠?

【牽連】 문제의 파장이 관계자들에게 미치다.
  예 這個案子牽連了很多人.
      - 이 사건은 많은 사람을 연루시켰다.

【前言不搭後語】 말이 앞뒤가 맞지 않다.
  예 我聽他說話前言不搭後語, 很可疑.
      - 내 그의 말을 들으니 앞뒤가 맞지 않는 것을 보아 그가 매우 의심스럽습니다.

【戧】 저촉(抵觸)되다.
  예 兩人說戧了, 吵了起來.
      - 두 사람은 의견이 대립되어 다투기 시작했다.

【搶白】 즉석에서 남을 신랄히 비판하다.
  예 你怎麽不問靑紅皂白就搶白人家一頓!
      - 어찌 연유를 묻지도 않고 바로 남을 신랄하게 비판하죠?

【搶手貨】 사람들이 서로 살려고 하는 물건이나 인기 있는 사람.
  예 影視明星成了各攝制組的搶手貨.

- 영화나 TV스타들은 각 촬영팀들이 서로 경쟁하여 찍을려고 하는 인기품종이다.

【搶眼】 사람의 눈길을 끌다.
　　예 在這群大聯唱的歌星中, 最搶眼的是來自臺灣的歌星.
　　　- 서로 같이 노래하는 많은 스타 가수중에서 가장 눈길을 끄는 자는 대만에서 온 가수였다.

【輕車熟路】 숙련되어 하기 수월함.
　　예 這場買賣對他來說可是輕車熟路.
　　　- 이 사업은 그에게 있어 너무도 수월한 일이죠.

R

【扔在腦後】 전혀 중시하지 않다.
　　예 我看他早就把我的話扔在腦後了.
　　　- 내가 보기에 그는 이미 벌써 내 말을 흘러버렸다.

S

【三脚猫】 재간이 아직 서투른
　　예 就凭你那三脚猫的功夫還敢想跟我鬪?
　　　- 너의 그 어리숙한 무공으로 감히 나와 싸우려고 생각해?

【賞光】 상대가 자신의 초청을 받아들이도록 간곡히 청함.
　　예 我想請你到我家來吃頓便飯, 不知到你肯不肯賞光?

- 나는 당신을 저희 집에 모셔서 간단한 식사를 한끼 대접하고 싶은데, 당신이 광림을 하실 의향이 계신지요?

【賞臉】 상대방의 체면을 세워주다.
　　예 人家既然不賞臉, 你也就別再討沒趣兒了.
　　　　- 남이 당신에게 체면을 세워주지 않으니, 당신도 다시 멋쩍고 겸연쩍은 행동을 하지 말아요.

【生就】 천성적으로
　　예 他生就有一副討人喜歡的娃娃臉.
　　　　- 그는 천성적으로 남의 호감을 자아내는 童顔을 지니고 있었다.

【生路】 살아갈 수 있는 길
　　예 放他一條生路吧!
　　　　- 그에게 살아갈 길을 좀 주세요!

【生怕】 오직 무엇을 걱정하거나 두려워하다.
　　예 他悄悄走進屋, 生怕驚動了孩子.
　　　　- 그는 조용히 방으로 들어갔는데, 오직 애를 놀라게할까 걱정하였다.

【生手】 무슨 일을 방금 시작하여 경험이 없는 사람.
　　예 他是個生手, 操作這臺機器難免出錯.
　　　　- 그는 신참이라 이 기계를 조작하는데 착오를 면하기 어렵습니다.

【省油燈】 착하고 어리숙하여 상대하기 좋은 사람.
　　예 你們別小看他, 他可不是個省油燈.
　　　　- 당신들은 그를 얕보아서는 안 돼요 그는 만만한 사람이 아니에요.

【十萬八千里】 차이가 많음.
　　예 我的水平離要求還差十萬八千里呢!
　　　　- 나의 수준은 자신의 바램과 아직 많은 차이가 있습니다.

【時不常】늘
　예 他們時不常地湊在一起打打麻將.
　　- 그들은 늘 같이 모여 마작을 칩니다.

【實心眼兒】가식이 없이 진실한
　예 他這人實心眼兒, 不會玩兒這套把戲.
　　- 그 사람은 가식이 없는 사람이라 이런 장난을 하지 않을 겁니다.

【使性子】고집을 부리다.
　예 你不該當着大伙的面兒使性子.
　　- 사람들 앞에서 고집을 부려서는 안 돼요.

【手氣】손의 행운
　예 我手氣不錯, 摸獎摸了輛摩托車.
　　- 나는 손 행운이 있어 상품추첨에서 한 대의 오토바이를 건졌습니다.

【手軟】독한 수단을 차마 취하지 못하다.
　예 對這種惡人你可不能手軟.
　　- 이런 악인을 대하는 데는 당신은 절대 마음을 약하게 먹어서는 안 됩니다.

【受氣】불공정한 대우를 당하여 억울하다.
　예 他以爲自己很了不起, 所以他一直覺得自己待在這麼小的公司挺受氣.
　　- 그는 스스로 매우 대단하다고 여겨 자신이 이런 작은 회사에 있는 것이 매우 억울하다고 줄곧 느끼고 있다.

【受用】향유를 누리다.
　예 前輩人開荒造田, 後輩人受用不盡.
　　- 앞선 선조들이 황무지를 개간하여 밭을 만들면, 뒤의 후손들은

끝없이 향유를 누릴 수 있다.

【要把戲】 무슨 수단을 동원하다.
> 예 在住房分配問題上, 顯然有人在要把戲.
>> - 방의 분배문제에 있어 확실히 누군가가 무슨 수작을 벌였다.

【要花招】 계교를 부리다.
> 예 敵人到現在還沒什麼動靜, 不知又在要什麼花招!
>> - 적이 아직까지 무슨 동정이 없는데, 또 무슨 계교를 부리는지 모르겠군요!

【說死】 확고히 못을 박아 말하다.
> 예 這次你得跟他說死了, 免得到時候又出毛病.
>> - 이번엔 그에게 확실히 못을 박아 말해요, 그 후에 또 문제가 생기지 않도록.

【死心眼兒】 융통없이 고집을 부리는
> 예 你別死心眼兒了, 他不會回來了.
>> - 그렇게 고집을 지키지 말아요, 그는 돌아오지 않아요.

【酸溜溜】 질투하는 마음의
> 예 他看到丈夫和別的女人在一起談得那麼投機, 心裏難免有點酸溜溜的.
>> - 그녀는 남편이 다른 여자와 함께 그렇게도 죽이 맞는 것을 보고는 마음속에 다소 질투의 감정이 생기지 않을 수 없었다.

【酸頭兒】 신 맛
> 예 這種萍果帶點酸頭兒, 挺好吃.
>> - 이 종류의 사과는 다소 신 맛을 띄고 있는 것이 매우 맛이 있어요.

T

【探口氣】 대화를 통해 상대의 의도를 파악하다.
> 예 你到他家先探探口氣, 看他到底是什麼意思.
> - 당신은 그의 집에 가서 우선 대화를 통해 그의 의도를 파악하여 그가 도대체 무슨 뜻을 품고 있는 가를 보세요.

【替死鬼】 남을 대신하여 죄를 뒤집어 쓴 사람.
> 예 眞正的凶手逍遙法外, 而他却成了替死鬼.
> - 진짜 흉악범은 법망 밖에서 아무 일없이 지내고 그 사람만 죄를 뒤집어 쓴 사람이 되었다.

【田地】 지경
> 예 我眞沒想到事情會鬧到這步田地.
> - 나는 정말 일이 이런 지경까지 시끄럽게 될 줄은 몰랐다.

【貼金】 과장하여 미화시키다.
> 예 你別盡往自己臉上貼金了!
> - 그렇게 끝없이 자기 얼굴에다 금칠을 하지 말아요! (즉 자신의 자랑을 말라는 의미.)

【鐵飯碗】 철밥그릇
> 예 當公務員現在已經不是拿到鐵飯碗了!
> - 공무원이 되는 것이 이제는 더 이상 철 밥그릇을 얻은 것이 아니다.

【鐵了心】 마음을 견고히 굳히다.
> 예 看來你是鐵了心要跟他走了?
> - 보아하니 당신은 마음을 굳게 먹고 그를 따라 갈 생각을 하였군요?

【團團轉】 초조하고 긴장하여 안절부절하며 제자리를 왔다갔다하다.
> 예 妻子難産, 丈夫在産房外急得團團轉.
>> - 아네가 난산을 하니 남편은 산실 밖에서 급한 마음으로 줄곧 왔다갔다 하였다.

W

【萬事通】 무엇이든 아는 발발이 소식통. (다소 폄의를 지님.)
> 예 他是萬事通, 你還是問他去吧.
>> - 그 사람은 무엇이든 아니 그에게 물어보세요.

【無賴】 무례하게 훼방을 놓으며 날뛰다. 혹은 깡패 같은 사람
> 예1 不許要無賴!
>> - 무례하게 날뛰지 말어!
> 예2 你別跟這種無賴多費口舌.
>> - 이런 강패같은 사람과 입씨름을 하지 말아요.

【無事忙】 필요 없는 일로 바쁜 사람.
> 예 他眞是個無事忙, 一天到晩不知忙什麽, 也沒見他忙出什麽成果來.
>> - 그는 정말 필요 없이 바쁜 사람이야, 하루 종일 무슨 일로 바쁜지는 몰라도 바쁜 댓가로 무슨 성과를 얻는 것을 보지도 못했어.

X

【下流坯】 비열하고 질이 낮은 사람.

예 他是個下流坯, 別跟他來往!
  - 그는 아주 비열하고 질이 낮은 인간이니 그와 상종하지 말아요!

【下三濫】 비열하고 염치없는 사람.
  예 別理這種下三濫.
    - 그런 비열한 자는 상대하지 말아요.

【先來後到】 먼저 온 사람과 늦게 온 사람의 순서를 지키다.
  예 你凭什麽加塞兒, 總得有個先來後到吧!
    - 당신은 뭘 믿고 끼어들죠? 항상 먼저 오고 늦게 온 순서가 있는 법입니다!

【閑工夫】 여가
  예 這星期我一點兒閑工夫也沒有.
    - 이번 주일에는 나는 조금의 여유도 없어요.

【險些】 거의 하마터면
  예 我險些從車上摔下來.
    - 나는 하마터면 차에서 떨어질 뻔하였다.

【獻殷勤】 남에게 잘 보이기 위해 정성을 다하다.
  예 她爲了討好丈夫, 對婆婆開始獻殷勤了.
    - 그녀는 남편에게 잘 보이기 위하여 시어머니에게 정성을 보이기 시작했다.

【相好】 서로 좋아하다. 혹은 서로 좋아하는 이성 친구
  예1 他們倆相好了.
    - 그들은 서로 연애를 하고 있다.
  예2 他就是你的相好?
    - 저 사람이 바로 당신의 애인이에요?

【消停】 조용하다. 휴식을 취하다.

예 這孩子是多動症, 簡直沒一會兒消停.
　　　　- 이 아이는 쉴새없이 움직이는 병에 걸렸어요, 한시도 거의 가만
　　　　　히 있지 않아요.

【小白臉兒】 얼굴이 희고 깨끗하며 여자같이 조용한 성품의 남자. (대개 폄하
　의 의미를 지님.)
　　예 你怎麽天天遇上這種小白臉兒呢?
　　　　- 너는 어찌 늘 저런 여자 같은 남자들만 만나?

【小道兒消息】 근거없는 소문
　　예 你可別相信這種小道兒消息.
　　　　- 이런 근거없는 소문은 절대 믿지 마세요.

【小動作】 목적을 위해 몰래 취하는 떳떳하지 못한 기술이나 행동.
　　예 不少中國人認爲韓國籃球隊的選手太喜歡搞小動作.
　　　　- 많은 중국 사람들은 한국 농구팀의 선수들이 떳떳하지 못한 반
　　　　　칙들을 하기를 너무 좋아한다고 여긴다.

【小家子氣】 인색하고 소심하며 속이 비좁아 대범하지 못한
　　예 那位姑娘雖長得不錯, 可未免太小家子氣了, 我不喜歡.
　　　　- 그 아가씨는 잘 생겼지만 너무 소심하여 나는 싫습니다.

【笑掉牙】 너무나도 우스워 이가 빠질 지경이다.
　　예 這出鬧劇簡直讓人笑掉牙.
　　　　- 이 코메디는 너무 우스워 정말 이가 다 빠질 지경이다.

【笑面虎】 겉으로는 온화한 척하나 속은 매우 음흉하고 잔인한 사람.
　　예 那人是個笑面虎, 你別讓他表面的熱情迷惑住.
　　　　- 그 사람은 온화한 척하지만 속은 음흉하고 잔인한 사람이니, 그
　　　　　자의 표면적인 관대함에 미혹되지 마세요.

【心服口服】 진심으로 믿으며 경탄을 표함.

예 他辦事兒眞讓我心服口服.
- 그는 일을 하는 것이 정말 나로 하여금 경탄하게 한다.

【心坎兒】 내심 깊은 곳.
예 他那番話說到我心坎兒上去了.
- 그의 말은 내 마음의 폐부를 질렀다.

【心軟】 마음이 약하다.
예 我這人什麼都好, 就是心太軟. 那天我見他那副可憐樣兒, 就不顧一切地把他給放了.
- 나는 다 좋은데 마음이 너무 약한 것이 험이야. 그 날도 나는 그의 가련한 모습을 보고는 앞뒤를 가리지도 않고 그를 석방시켜 주었다.

【尋開心】 재미를 찾다. 혹은 농담하다.
예 你少拿我尋開心.
- 나를 가지고 그만 장난쳐요.

【秀氣】 생긴 모습이 맑고 깨끗하다.
예 她長得挺秀氣.
- 그 여자는 아주 깨끗하게 생겼다.

【壓驚】 매우 놀란 후에 술이나 음식으로 위로하며 놀란 가슴을 가라앉히는 것.
예 老兄這次大難不死, 必有後福. 走, 我請你喝幾杯壓壓驚.
- 노형이 이번에 큰 화를 당했지만 살아남았으니, 뒤에 필히 복이 있을 겁니다. 자, 갑시다. 내가 술 한 잔 살 테니 놀란 마음을 좀 가라앉히세요.

【壓軸兒】 공연 등에서 마지막에 선을 보이는 가장 훌륭한 프로그램.
　　예 下一個節目是我們這次公演的壓軸好戲, 春香傳.
　　　- 다음 프로는 우리들의 이번 공연의 하이라이트인 춘향전이 되겠습니다.

【壓根兒】 전혀
　　예 我壓根兒就不知道這回事兒.
　　　- 나는 이 일을 전혀 모릅니다.

【眼巴巴】 초조하게 기다리는 모습. 혹은 속수무책으로 보고만 있다.(=眼睜睜)
　　예1 全家眼巴巴地盼着他能把孩子找回來.
　　　- 온 집안 사람이 모두 그가 아이를 찾아 돌아오기를 학수고대하고 있읍니다.
　　예2 他眼巴巴地看着別人考上名牌大學, 自己却名落孫山.
　　　- 그는 다른 사람들은 일류대학에 합격하였지만 자신은 낙방한 것을 속수무책으로 멍하니 바라보고만 있었다.

【眼看】 곧 혹은 방관하다.
　　예 眼看冬天快到了, 得準備買泡菜用的大白菜.
　　　- 곧 겨울이 다가오니, 김장용 배추를 살 준비를 해야 합니다.

【眼色】 눈치
　　예 我一個勁兒地給他使眼色.
　　　- 나는 줄곧 그에게 눈치를 보냈다.

【眼神兒】 눈길 혹은 시력(=眼力 혹은 視力)
　　예1 我看他眼神兒有點兒不大對頭.
　　　- 나는 그의 눈길이 좀 이상한 것을 보았다.
　　예2 你是什麼眼神兒呀, 這麼大的字兒也看不見.
　　　- 너는 시력이 왜 그래, 이렇게 큰 글자도 안 보이다니!

【要不得】 발생하거나 있어서는 아니 된다.
> 예 這種思想要不得!
> - 이러한 생각은 있어서는 아니 된다.

【要不了】 필요치 않다.
> 예 要不了三天, 他準會來找我的.
> - 삼일도 않돼 그는 틀림없이 나를 찾아올 것이다.

【一般見識】 자신의 수준을 남과 같이 낮춰서 그와 다투다.
> 예 他是個小人兒, 你別跟他一般見識.
> - 그는 소인배이니, 그 사람을 상대하여 다투지 말아요.

【一本正經】 매우 엄숙한 모습.
> 예 他一本正經地坐在會議發表臺上.
> - 그는 아주 엄숙하게 회의발표석상에 앉아 있었다.

【一邊倒】 한 쪽으로 기울다.
> 예 昨天的那場足球賽, 完全是一邊倒.
> - 어제의 그 축구시합은 완전히 일변도로 흘렀다.

【一不做, 二不休】 하지 않으면 몰라도 하게 되면 똑 부러지게 하다.
> 예 咱們一不做, 二不休, 一定要把這項實驗搞成功.
> - 우리는 한 번 하게 되면 끝을 보는 사람들이니, 반드시 이 실험을 성공리에 마칠 겁니다.

【一個鼻孔出氣】 입장이나 태도가 꼭 같다. (일반적으로 풍자의 의미로 사용됨.)
> 예 你和他簡直是一個鼻孔出氣.
> - 당신은 그 사람과 정말 한 입으로 말하는 듯 하군요.

【一塌糊塗】 엉망이다.
> 예 別提了, 我今天考得一塌糊塗.

- 말도 말어, 나는 오늘 엉망으로 시험을 보았어!

【硬着頭皮】 하기가 싫거나 할 용기가 없는 일을 억지로 하는 모습.
　　예 聽到點自己的名字了, 他只好硬着頭皮走上臺去.
　　　- 자신의 이름이 불리는 것을 듣고 그는 할 수 없이 강단으로 올라갔다.

【用場】 용도.
　　예 你看, 一下雨我這把傘派上用場了吧.
　　　- 봐요, 비가 오니 바로 내 이 우산이 쓸 곳을 찾게 되었죠.

【由不得】 자신의 힘으로 변화시킬 수 없다.
　　예 這事兒可就由不得你了.
　　　- 이 일은 당신의 힘으로 어찌할 수 있는 것이 아닙니다.

【有救】 구조의 희망이 있다.
　　예 大夫, 牠傷得這麽嚴重還有救嗎?
　　　- 의사 선생님, 그것이 이렇게도 많이 다쳤는데 아직 살릴 희망이 있어요?

【有人緣兒】 다른 사람들과 좋은 관계로 지내다.
　　예 你挺有人緣兒的, 大人小孩兒都喜歡你.
　　　- 당신은 매우 인덕이 있군요, 어른이나 아이들이 모두 당신을 좋아하니.

【有頭有臉】 신분과 지위를 지닌 사람.
　　예 這種高級賓館裏住的可全是有頭有臉的人.
　　　- 이런 고급 호텔에 묵는 사람들은 가히 모두 신분과 지위가 있는 사람들입니다.

【有一套】 나름대로의 수완을 갖고 있다.
　　예 他當救生員還眞有一套的.

- 생명구조원으로서의 그는 정말 나름대로의 수완을 갖고 있다.

【有一腿】남녀간에 애매한 그 무슨 관계가 있다. (주로 성적 접촉을 암시.)
  예 聽說他跟那個女人有一腿.
    - 듣자니 그는 저 여자와 애매한 관계가 있다 합니다.

【圓夢】꿈에 그리던 일을 이루다.
  예 如今, 他總算圓了出國的夢.
    - 지금, 그는 결국 출국의 꿈을 이루게 되었다.

【越發】더욱
  예 這孩子過了個假期, 越發貪玩兒了.
    - 이 애는 휴가를 지낸 후 더욱 놀기를 좋아하였다.

Z

【砸】일을 그르치다.
  예 都怪我一上臺就忘了詞兒, 把戲演砸了.
    - 모두 내 잘못 입니다. 무대에 오르자마자 대사를 잊어버려 연극을 망쳤으니.

【宰】원래는 도축하다의 의미나 현재는 비유적으로 상인이 고객을 속여 돈을 뜯는다는 의미로 사용됨.
  예 你千萬別在公園裏買任何禮物, 那兒的商人都很會宰人的.
    - 절대로 공원 안에서 어떠한 선물도 사지 말아요, 그 곳의 상인들은 모두 고객을 속여 돈을 뜯습니다.

【扎耳朶】소리가 듣기 싫어 귀에 그슬리다.
  예 這句話我聽着扎耳朶.

- 이 말은 들으니 귀에 그슬리군요.

【沾邊兒】 무슨 일과 관련이 있다.
> 예 這事兒他也沾了點兒邊兒.
> - 이 일에 그도 다소 관련이 있습니다.

【沾光兒】 누구와의 관계로 인해 득을 보다.
> 예 他在影院門口檢票, 他的親戚朋友都沾光兒白看電影兒.
> - 그는 영화관 입구에서 표를 검사하는 사람인데, 그의 친척과 친구들은 모두 그의 득을 봐서 공짜로 영화를 봅니다.

【占便宜】 주로 부정당하거나 약은 수단으로 이익을 보다. 혹은 객관적 조건으로 득을 챙기다.
> 예1 別想在她身上占便宜!
> - 그녀를 이용할 생각일랑 하지 말아요!
> 예2 做人千萬別想占小便宜.
> - 사람은 절대 작은 이익을 챙기려고 해서는 안 된다.
> 예3 你個頭兒高, 打籃球可以占便宜.
> - 당신은 키가 크니, 농구를 하면 득을 볼 수 있습니다.

【占上風】 우세에 있다.
> 예 從這幾場比賽看, 韓國隊的實力比中國隊占了上風.
> - 요 몇 번의 시합으로 볼 때, 한국팀의 실력이 중국팀보다 우세에 있습니다.

【站住脚】 걸음을 멈추다 혹은 이론등이 성립하다.
> 예1 聽見有人叫他, 他站住脚回過身來.
> - 누군가가 그를 부르는 것을 듣고 그는 걸음을 멈추고 몸을 돌이켰다.
> 예2 這種理論現在根本無法站住脚.(= 站不住脚)
> - 이러한 이론은 현재 절대로 성립될 수가 없습니다.

【招架】 막다. 대응하다.
> 예 一群記者圍上來, 他有點兒招架不住了.
> - 한 무리의 기자들이 사방으로 달려들어 그는 대응할 수가 없었다.

【着三不着兩】 언행이 조리가 없고 두서가 없다.
> 예 這人說話着三不着兩的, 能當領導嗎?
> - 저 사람은 말하는 것이 조리와 두서가 없는데, 지도자가 될 수 있겠어요?

【找碴兒】 빌미를 찾다. 시비를 걸다.
> 예 你成心找碴兒打架是不是?
> - 당신은 고의로 빌미를 찾아 싸우려고 하는 겁니까?

【這麽着】 이렇게 하다.
> 예1 這麽着好不好? 你先去, 我隨後就來.
> - 이렇게 하는 것이 어때요? 당신이 먼저 가고, 그 후에 내가 가는 겁니다.
> 예2 就這麽着吧!
> - 그럼 바로 이렇게 합시다!(=결정을 보다.)

【整人】 남을 골탕먹이다.
> 예 那家伙是個出了名的整人專家.
> - 저 녀석은 남을 골탕 먹이기로 유명한 전문가야.

【中聽】 듣기 좋은
> 예 你怎麽淨說些不中聽的話!
> - 당신은 어째서 늘 듣기싫은 말만 하죠?

【主打】 가장 중요하고 영향력이 있는
> 예 這盤磁帶上第一首就是這位歌星的主打歌.
> - 이 CD에서 제일 처음의 노래가 바로 이 가수의 대표곡입니다.

【準兒】 확신
  예 也許今天來, 也許明天來, 他通常出沒無常, 哪兒有個準兒呢!
   - 아마 오늘 올지도 내일 올지도 모릅니다. 그는 통상적으로 나타나는 것이 일정치 않아요, 어찌 확신을 할 수 있겠어요?

【捉摸】 애써 추측하다.
  예 這人脾氣捉摸不透.
   - 이 사람의 성미는 추측할 수가 없습니다.

【着實】 확실히 혹은 단단히
  예1 他着實有點兒醉了.
   - 그는 확실히 좀 취했다.
  예2 爸爸知道自己的小孩子偸東西, 着實揍了他一頓.
   - 아버지는 자신의 아이가 물건을 훔친 것을 알고는 단단히 혼을 내 주었다.

【走眼】 잘못보다.
  예 怪我一時看走了眼, 差點兒把你當成小偸兒.
   - 일시적으로 잘 못 본 제 불찰입니다. 하마터면 당신을 도둑으로 몰 뻔 했어요.

【走樣兒】 변하다.
  예) 當初他極力提倡的那種改革精神怎麼不到一年就走樣兒了?
   - 당초 그가 극력으로 제창한 개혁정신이 어째서 일 년도 못가 변해 버렸죠?

【走運】 운이 좋다.
  예 祝你走運!
   - 행운을 바랍니다!

【走着瞧】 두고 보다.
  예 你別高興得太早, 咱們走着瞧吧!

- 그렇게 빨리 좋아할 필요 없어요, 우리 두고 봅시다!

【嘴硬】 자신의 잘못을 인정하지 않고 변명을 해대다.
　　　예 認個錯就是了, 還這麼嘴硬.
　　　　- 잘못을 시인하면 그만인데, 여전히 이렇게 변명을 해대다니.

【琢磨】 자세히 생각하다.
　　　예 這句話越琢磨越有味兒.
　　　　- 이 말은 자세히 생각할수록 맛이 느껴진다.

【做作】 고의로 인해 자연스럽지 못하다.
　　　예 那個演員的演技和表情都太做作了.
　　　　- 저 배우의 연기와 표정은 모두 너무 자연스럽지가 못해요.

중국어 관광통역 가이드가 되기 위한
관광통역문화 중국어

초판 1쇄 발행 2013년 12월 15일
초판 2쇄 발행 2014년 5월 15일

지은이 최 병 규
펴낸이 김 진 수
펴낸곳 **한국문화사**
등 록 1991년 11월 9일 제2-1276호
주 소 서울특별시 성동구 아차산로 3(성수동 1가) 502호
전 화 (02)464-7708 / 3409-4488
전 송 (02)499-0846
이메일 hkm7708@hanmail.net
홈페이지 www.hankookmunhwasa.co.kr

책값은 뒤표지에 있습니다.

잘못된 책은 바꾸어 드립니다.
이 책의 내용은 저작권법에 따라 보호받고 있습니다.

ISBN 978-89-6817-092-8 13720